SEKUNDARSTUFE 1

INKLUSIONS-MATERIAL
Englisch
Klasse 5–10

Michael Klein-Landeck

Mit einer Einleitung von Andreas Hinz

Cornelsen

Herausgeber und Autor
Michael Klein-Landeck ist Gesamtschullehrer für Englisch, Sport und Musik sowie Dozent an der Universität Hamburg. Seine Forschungsschwerpunkte sind Reform- und Montessori-Pädagogik.

Projektleitung: Franziska Wittwer, Berlin
Redaktion: Marion Clausen, Berlin
Grafik: Kristina Wiedemann, Berlin
Umschlaggestaltung: Ungermeyer, Berlin
Layout/technische Umsetzung: Ludger Stallmeister, Wuppertal
Programmierung/Umsetzung der CD-Materialien: zweiband.media, Berlin

www.cornelsen.de

1. Auflage 2014

© 2014 Cornelsen Schulverlage GmbH, Berlin

Das Werk und seine Teile sind urheberrechtlich geschützt.
Jede Nutzung in anderen als den gesetzlich zugelassenen Fällen bedarf der vorherigen schriftlichen Einwilligung des Verlages. Hinweis zu den §§ 46, 52a UrhG: Weder das Werk noch seine Teile dürfen ohne eine solche Einwilligung eingescannt und in ein Netzwerk eingestellt werden.
Dies gilt auch für Intranets von Schulen und sonstigen Bildungseinrichtungen.

Druck: CPI – Clausen & Bosse. Leck

ISBN 978-3-589-16314-4

 Inhalt gedruckt auf säurefreiem Papier aus nachhaltiger Forstwirtschaft.

Inhalt

    Vorwort 4

1. Einführung: Was ist Inklusion? (von Andreas Hinz) 6

2. Grundpfeiler des inklusiven Englischunterrichts 22
2.1 Das multiprofessionelle Team – der „erste Pädagoge" 22
2.2 Die inklusive Lerngruppe – der „zweite Pädagoge" 24
2.3 Vier ganz besondere Kinder 29
2.4 Die *English Corner* – der „dritte Pädagoge" 37
2.5 Das Lehrwerk – der „vierte Pädagoge" 41
2.6 Didaktische Prinzipien des inklusiven Englischunterrichts 42

3. Bausteine des inklusiven Englischunterrichts 46
3.1 Rituale 46
3.2 *Chants* (Sprechgesänge) 48
3.3 *Songs* 50
3.4 *Total Physical Response* 52
3.5 *Games* 55
3.6 *Practical activities* 61
3.7 *English Theatre* 66
3.8 *Reading House* 76
3.9 Lerntheke und Freiarbeit 80
3.10 Freiarbeitsmaterialien 93
3.11 Kooperative Lernformen 106
3.12 Klassenlektüre 111
3.13 Projekte 113
3.14 Zwei Unterrichtsstunden (Beispiele) 123
3.15 Leistungsmessung und Leistungsrückmeldung 131

4. Hürden und Stolpersteine des inklusiven Englischunterrichts 141

Vorwort

Seit der Ratifizierung der UN-Konvention im Jahre 2009 durch die Bundesregierung haben auch bei uns *alle* Kinder das Recht auf die Teilnahme am Unterricht der Regelschule. Unsere Schulen entwickeln sich nun zu *inklusiven* Bildungseinrichtungen, die die Vielfalt der Kinder als Chance ansehen, da es „normal ist, verschieden zu sein". Die heterogene Zusammensetzung von Schulklassen hinsichtlich Geschlecht, Alter, Lernvoraussetzungen, Interessen, religiöser und kultureller Wurzeln, sprachlicher Hintergründe etc. der Kinder wird ausdrücklich bejaht und als pädagogische Aufgabe angenommen.

Das ist – besonders für Grund- oder Gesamtschulen – nichts grundsätzlich Neues, insofern sie sich schon immer als „Schulen für alle" verstanden haben. Die für viele neue und wohl auch größte Herausforderung liegt in der *gemeinsamen Unterrichtung* von Schülern mit und ohne sonderpädagogischen Förderbedarf im *inklusiven Unterricht*. Damit ist auch bei den Englischkollegen ein großer Fortbildungsbedarf entstanden, denn diese Situation schafft Unsicherheiten und wirft viele Fragen auf: Wie wird man allen gerecht, dem leistungsstarken Kind ebenso wie dem Schüler mit Förderbedarf?

Ich möchte Ihnen mit diesem Buch praxisnahe Hilfen für die Gestaltung eines inklusiven Englischunterrichts anbieten und von Erfahrungen berichten, die ich als langjähriger Tutor und Englischlehrer in den Integrationsklassen einer Hamburger Gesamtschule machen durfte. Dort habe ich gymnasial empfohlene Kinder zusammen mit durchschnittlich begabten und Schülern mit besonderem Förderbedarf unterrichtet. Darunter solche mit den Förderschwerpunkten Lernen und Sprache, emotionale und soziale, motorische sowie geistige Entwicklung, aber auch Lernende mit Beeinträchtigungen in den Bereichen Hören und Sehen.

Schnell wurde klar: Es gibt nicht *das* Unterrichtskonzept für den Englischunterricht in Inklusionsklassen, so wie es auch nicht *das* behinderte Kind oder *den* nicht-behinderten Schüler gibt. Der Begriff „Behinderung" ist relativ und die Grenze zwischen den Zuschreibungen „behindert" bzw. „nicht-behindert" sind oft fließend. Es macht daher wenig Sinn, Schüler voreilig in Schubladen zu stecken. Da gibt es Felix, der keinen anerkannten Förderbedarf hat, aber viel Unterstützung braucht, weil er unleserlich schreibt und sich unangemessen verhält. Und dann ist da Anja mit, so die Diagnose, „autistischen Zügen", die erfolgreicher Vokabeln lernt als viele Mitschüler ...

Es ist wichtig, sehr genau auf jedes einzelne Kind zu schauen. Und zwar nicht mit einem defizitorientierten Blick, sondern mit dem Blick auf die individuellen

Kompetenzen, die jemand mitbringt. Die zentralen Fragen lauten unabhängig davon, ob jemand einen diagnostizierten Förderbedarf vorweist oder nicht: Was kann dieses Kind? Wie kann man dieses Können weiterentwickeln? Wo hakt es noch? Wie kann man das Kind bei Problemen unterstützen?

Nach *der* universalen „Gebrauchsanweisung" für inklusive Unterrichtspraxis wird man vergeblich suchen. Entscheidend ist, die individuelle Lernentwicklung jedes Einzelnen innerhalb der Klassengemeinschaft bestmöglich zu fördern. Dazu muss man den Unterricht möglichst *zieldifferent* gestalten: Finn kann und muss nicht denselben Leistungsstand erreichen wie Karin, aber beide sollten die für sie nächsten Schritte auf ihrem Lernweg tun; und das möglichst am gemeinsamen Unterrichtsthema, d. h. beim gemeinsamen Lernen am gemeinsamen Gegenstand.

Inklusiver Englischunterricht ist somit kein völlig anderer als Unterricht in Regelklassen und seine Methoden und Prinzipien sind nicht total verschieden. Manches muss man sicher modifizieren, anders akzentuieren und stärker berücksichtigen, zum Beispiel: Lernspiele an sich sind nichts Neues, aber wie kann ich sie so organisieren, dass sich auch Schüler mit bestimmten Beeinträchtigungen erfolgreich daran beteiligen können? Es gibt also nicht *das* didaktische Modell für *den* inklusiven Englischunterricht, jedoch ...
- förderliche Grundhaltungen und Einstellungen der Pädagogen und Schüler,
- hilfreiche Prinzipien und Methoden und
- bewährte Unterrichtsformen,

welche eine inklusive Lernkultur begünstigen.

In diesem Buch stelle ich Ihnen gelungene Unterrichtsbeispiele vor, die Mut machen und anregen sollen. Viele Ideen wurden im Austausch mit Kollegen, Sozial- und Sonderpädagogen und vor allem mit den Kindern gewonnen. Deren Expertise wird leider häufig unterschätzt. Dabei können gerade sie oft mit den besten Vorschlägen aufwarten! Das Vertrauen in den individuellen Lern- und Leistungswillen *aller* Schüler, das Erleben ihrer Bereitschaft, sich in der inklusiven Lerngemeinschaft wertzuschätzen und sich gegenseitig zu unterstützen, schließlich unsere gemeinsame Freude an schönen und anregenden Lernsituationen haben mich dazu bewogen, dieses Buch zu schreiben.

Inklusion betrifft nun uns alle. Und das ist gut so!

Hamburg, im Juni 2014 *Michael Klein-Landeck*

1. Einführung: Was ist Inklusion? (von Andreas Hinz)

Inklusion ist in aller Munde. Das war zur Jahrtausendwende noch anders, denn Inklusion als Begriff im pädagogischen Kontext war im deutschen Sprachraum so gut wie unbekannt und fand erst in den folgenden Jahren zunehmend Verwendung (vgl. z. B. HINZ 1996, 2000, 2002). Heute sprechen alle – logischerweise insbesondere in pädagogischer Praxis, Bildungspolitik und Bildungsverwaltung – von Inklusion, nachdem sie, angestoßen durch die UN-Behindertenrechtskonvention, stärker als juristische Verpflichtung wahrgenommen wird. Gleichzeitig werden die Verständnisse von Inklusion immer diffuser – wie üblich, wenn Begriffe in einer Welle hochgespült und schnell zu modischen „In-Begriffen" werden (HAEBERLIN 2007, hier weitgehend synonym mit Integration verwandt). Insofern drängt sich der Verdacht auf, dass sich innerhalb von etwas mehr als zehn Jahren ein recht schneller Wandel „von der Unkenntnis zur Unkenntlichkeit" vollzogen hat (vgl. HINZ 2013). Daher erscheint es auch heute wichtig, die Diskussion darüber zu führen, was es mit dem Inklusionsbegriff im Kontext von Schule auf sich hat und welche Folgen für den Unterricht entstehen können.

Die internationale Diskussion um „inclusive education"

Häufig ist in der Literatur zu lesen, die internationale Debatte und die Entwicklung inklusiver Bildung habe mit der Salamanca-Erklärung begonnen. Sicherlich bildet diese weltweit verabredete, doch rechtlich unverbindliche Empfehlung aus dem Jahr 1994 ein wichtiges Dokument in diesem Kontext, der Beginn liegt jedoch weitaus früher. So taucht „inclusive education" nach SKRTIĆ (1995) erstmalig 1976 in einem Aufsatz auf. In Nordamerika ist sie eng mit der kritischen Wahrnehmung der Integration entsprechend „der am wenigsten einschränkenden Umgebung" mit ihrer differenzierten Struktur verbunden – je nach Unterstützungsbedarf teilweise oder in Vollzeit. Gerade dortige Interessenvertretungen für Menschen mit schweren Behinderungen wie TASH in den USA oder CACL in Kanada kritisieren, dass dieses „Kaskadenmodell" mit unterschiedlichen Integrationsstufen aus den 1940er-Jahren einen „nicht integrierbaren Rest" produziert, der in besonderen Systemen verbleibt und bei dem sich dann u. U. die Frage nach Bildung und deren Ersatz durch Betreuung stellen könnte (vgl. HINZ 2008).

In anderen Ländern wird „inclusive education" auch mit anderen Aspekten von Vielfalt verbunden, etwa in Indien mit „poverty, cultural bias, systemic ex-

1. Einführung: Was ist Inklusion?

clusion" (ALUR 2005, 130). Charakteristisch ist dabei, dass auf die Barrieren „Armut, kulturelle Befangenheit und systemische Aussonderung" in Systemen fokussiert wird und nicht auf „Arme", „Mädchen" und „Behinderte". Gleichwohl finden sich in verschiedenen Kontexten Hinweise darauf, dass es auch international ein Verständnis gibt, das „inclusive education" vornehmlich bis exklusiv auf den Aspekt von Beeinträchtigung beschränkt sieht – und vielfach gibt es Distanzierungen von diesem verengten Verständnis, so z. B. im südafrikanischen Kontext: „There is a tendency in education circles to equate the international inclusive education movement with disability and other ‚special needs'. ... It is important to address the challenges of inclusion in the context of addressing *all* forms of discrimination. This means that discrimination and exclusion relating to social class, race, gender and disability and other less obvious areas (such as different learning styles and paces) should be addressed in a holistic and comprehensive manner" (LAZARUS/DANIELS/ENGELBRECHT 1999, 47f.; Hervorh. i. O.). [1]

Offenbar gibt es also international unterschiedliche Positionen zu der Frage, wie eng oder weit der inklusive Blick zu fassen ist. Hierbei spielen auch Interessenlagen von Verbänden eine Rolle: So sorgten Behindertenverbände in Südafrika dafür, dass die dortige inklusive Bildung nicht dem englischen Konzept „barriers for learning and participation" (BOOTH/AINSCOW 2002) folgt, mit dem Barrieren für das Lernen und die Teilhabe aller Beteiligten, Kinder wie Erwachsener, wahrgenommen und abgebaut werden, sondern mit stärkerer Betonung sonderpädagogischer Aspekte; es wird von „barriers for development", also Barrieren für die Entwicklung, gesprochen (vgl. NAICKER 1999), mit denen Schülerinnen und Schüler auf vielfältige Weise konfrontiert sein können.

Eine Beschränkung von inklusiver Bildung auf einen Aspekt von Vielfalt – Beeinträchtigung – erscheint schon deshalb problematisch, weil Menschen sich in vielfältigen Zusammenhängen befinden und Diskriminierungsprozesse sich nicht auf einen Aspekt begrenzen lassen. Somit wird ein solches eindimensio-

---

[1] „Es gibt eine Tendenz in pädagogischen Kreisen, die internationale Bewegung für inklusive Bildung mit Beeinträchtigung und anderen ‚besonderen Bedürfnissen' gleichzusetzen. ... Es ist wichtig, die Herausforderungen der Inklusion im Kontext *aller* Formen von Diskriminierung zu sehen. Das bedeutet, dass Diskriminierung und Aussonderung, die mit sozialen Milieus, Hautfarbe, Geschlechterrollen, Behinderung und anderen weniger offensichtlichen Bereichen (wie unterschiedliche Lernstile und -geschwindigkeiten) verbunden sind, in einer holistischen und ganzheitlichen Weise angesprochen werden sollten."

1. Einführung: Was ist Inklusion?

nales Konzept inklusiver Bildung dem umfassenden Anspruch von Inklusion nicht gerecht, sondern zementiert die Sonderstellung des entsprechenden Personenkreises und die Fokussierung auf dessen Beeinträchtigung – bei den Betreffenden selbst wie bei ihrem Umfeld – mit den problematischen Folgen der Typisierung und Stigmatisierung (vgl. BOOTH 2008, BOBAN/HINZ/PLATE/TIEDEKEN 2014).

Die Eckpunkte von Inklusion

So komplex sich auch die internationale Debatte darstellt – im Rückblick lassen sich in deutlicherer Systematisierung einige Eckpunkte herauskristallisieren, die wie folgt zusammengefasst werden können (vgl. HINZ 2004, 46 f., BOBAN/HINZ 2014):

Im inklusiven Verständnis ist die Vielfalt von Menschen etwas Positives, mit dem die Beteiligten so umgehen, dass sie – bei allen Konflikten und Spannungen – für die Entwicklung von Menschen und für ihr Zusammenleben förderlich ist und nicht durch Aufteilungen und Zuordnungen „wegorganisiert" werden müsste.

Eine inklusive Sicht bezieht sich auf alle Aspekte der Vielfalt von Menschen, seien es unterschiedliche Fähigkeiten, Geschlechterrollen, ethnische Herkünfte, Nationalitäten, Erstsprachen, Hautfarben, soziale Milieus, Religionen, sexuelle Vorlieben, körperliche Bedingungen, politische und philosophische Orientierungen und andere mehr. Dabei sind nicht die Merkmale an sich wichtig, sondern die gesellschaftlichen Bedeutungen, mit denen sie verbunden werden und bei denen das Individuum hinter einer dominierenden, negativ (oder auch positiv) bewerteten, zugeschriebenen Eigenschaft zu verschwinden droht. Hinter jedem dieser Aspekte steht jeweils eine Debatte um gesellschaftliche Diskriminierung – um Sexismus, Rassismus, Sozialdarwinismus, Fettismus, Heteronormativität, Islamfeindlichkeit, Adultismus etc. Diese Aspekte werden nicht wie bisher getrennt diskutiert, sondern nun in einen Gesamtzusammenhang gebracht.

Inklusion ist an den universellen Menschenrechten und der Bürgerrechtsbewegung orientiert und wendet sich gegen jede Form von Diskriminierung und Marginalisierung, also jede Tendenz, eine Person aufgrund jeglicher Zuschreibungen und/oder exklusiver Strukturen und Rahmenbedingungen an den Rand zu drängen und für sie Barrieren für Selbstbestimmung und gleichberechtigte Partizipation aufzubauen oder beizubehalten.

Inklusion ist keine primär pädagogische Orientierung, sondern eine weltweite, gesamtgesellschaftliche Entwicklungsperspektive mit der Vision einer inklusiven Gesellschaft, die sich in allen Bereichen mehr und mehr realisieren soll – auch in der Bildung.

Damit ist deutlich, dass Inklusion immer auch einen visionären Anteil hat und nie als vollständig erreichbar angesehen werden kann. Moderne, arbeitsteilige Gesellschaften haben eher die Tendenz, Diskriminierung und Exklusion gegenüber bestimmten Gruppen zu verstärken und sich in Krisenzeiten sozial zu spalten. Gleichwohl gibt der normative „Nordstern" der Inklusion Orientierung für nächste konkrete Entwicklungsschritte, die unmittelbar angegangen werden können – und vor dem Hintergrund der universellen Menschenrechte sowie deren Bestätigung durch die UN-Behindertenrechtskonvention durch Einzelne und die Gesellschaft als Ganzes auch umgesetzt werden müssen.

Mit einem solchen Blick bietet inklusive Pädagogik als Konzept die Chance, über die Integration bestimmter Gruppen *in etwas Bestehendes hinein* hinauszugehen, also von einem tendenziell assimilativen zu einem stärker transformativen Verständnis zu kommen (vgl. BOOTH 2008) und die unangemessene Definition von verschiedenen, scheinbar eindeutig abgrenzbaren Gruppen, etwa „Behinderte" und „Nichtbehinderte" oder „Deutsche" und „Ausländer", also die alltäglichen Zwei-Gruppen-Theorien, zu überwinden. Vielmehr kann man sich der Vorstellung eines ununterteilbaren Spektrums sowohl gleicher als auch verschiedener Individuen annähern, wie sie bereits die Theorie integrativer Prozesse in den 1990er-Jahren vertritt (vgl. REISER 1991, HINZ 1993). Damit werden alle Pädagogiken und pädagogischen Professionen für Heterogenität zuständig, anstatt ihre Aufteilung weiter zu zementieren. Der Blick richtet sich auf die Veränderung und Weiterentwicklung der pädagogischen und institutionellen Bedingungen statt auf die Veränderung von Lernenden und ihre „richtige Platzierung" oder auf die Absicherung – wie neuere sonderpädagogische, sich inklusiv gebende Ansätze behaupten – ihrer „responsiven Entwicklung" (vgl. HINZ/GEILING/SIMON 2014).

1. Einführung: Was ist Inklusion?

Drei Perspektiven auf Inklusion

Für eine genauere Betrachtung inklusiver Pädagogik ist es sinnvoll, drei sich ergänzende Perspektiven auf Inklusion zu unterscheiden (vgl. BOOTH 2008, 53–64): Eine erste Perspektive richtet sich auf die Teilhabe von Personen. Hier wird die Frage nach der vollen Partizipation für die einzelne Person an allen gesellschaftlichen Bereichen gestellt. Dies ist auch ggf. die Ebene juristischer Auseinandersetzungen, bei denen die Realisierung von Menschenrechten überprüft wird. Diese Perspektive ist unverzichtbar, da mit ihr die Möglichkeiten demokratischen Umgangs miteinander stehen und fallen. Problematisch kann dabei jedoch sein, dass die Partizipation von der Überwindung eines bestimmten, u. U. behindernden Merkmals abhängig gesehen wird.

Eine zweite Perspektive bezieht sich auf Teilhabe an und Barrieren in Systemen. Sie stellt die Frage, wie vorhandene Systeme – etwa Schulen – mit der Heterogenität derer umgehen, die sie in Anspruch nehmen (müssen). Ein prominentes Beispiel für die Bedeutung dieser Perspektive bildet die langjährige Überrepräsentanz männlicher Jugendlicher mit islamischem Migrationshintergrund beim Ausschluss aus allgemeinen Schulen und beim Übergang in Schulen für Lernbehinderte, die wesentlich durch „strukturelle Diskriminierung" begründet ist (vgl. GOMOLLA/RADTKE 2009). Während bei der ersten Perspektive „das Problem" eher bei der einzelnen Person lokalisiert wird, wird es auf der zweiten Ebene im System selbst verortet – hier ist also die systemische Qualität und ihr mehr oder weniger vorhandenes inklusives Potenzial gefragt, sei es in einer einzelnen Schule, in einem Kooperationsverbund, einer Region oder im Bildungssystem insgesamt.

Eine dritte Perspektive schließlich fragt nach der inklusiven Grundorientierung, die die Basis für das Selbstverständnis einer Bildungseinrichtung bildet. Hier geht es um die grundlegende Wertorientierung eines Systems, und damit stehen viele Themen mit ihrer Bedeutung und ihrem Verständnis zur Debatte. Dabei gibt BOOTH nicht etwa einen festen Kanon bestimmter inklusiver Werte vor – was ein gerade angesichts der deutschen Geschichte und ihren Missbräuchen wertegeleiteter Erziehung problematisches und zu recht Misstrauen erregendes Vorgehen wäre –, vielmehr bietet er ein sich immer wieder auf der Basis seiner eigenen Reflexion veränderndes Geflecht von Überschriften („headings") an, die es zu reflektieren gilt (vgl. BOBAN/HINZ 2014). Da auch jede Schule auf Wertorientierungen basiert, stellt sich die Frage, wie weit …

1. Einführung: Was ist Inklusion?

a. sie auf den Menschenrechten basieren,
b. sie den Beteiligten bewusst sind,
c. ein Konsens in der Schule über sie besteht und
d. sie mit dem konkreten Handeln verbunden sind.

Die gemeinsame Reflexion über die Grundorientierung und die Feinjustierung ihrer inklusiven Ausrichtung ist eine Daueraufgabe für jede pädagogische Einrichtung.

Wie BOOTH (2008) anmerkt, bleibt jede einzelne Perspektive der Betrachtung notwendigerweise beschränkt, erst ihre Ergänzung ermöglicht eine inklusive Perspektive. Inklusion bezieht sich also auf Prozesse der Weiterentwicklung von Bildungseinrichtungen, hier von Schulen, im Sinne der drei Perspektiven: der Möglichkeiten der Partizipation aller Menschen, des Abbaus von Barrieren im System selbst und der dem Handeln zugrunde liegenden Wertorientierungen auf der Basis der Menschenrechte.

Folgen für den Unterricht

Nun könnte es so aussehen, als ob völlig neue Anforderungen auf die allgemeinen Schulen zukommen würden. Das ist jedoch nur teilweise der Fall, nämlich wenn Schulen weitgehend nach alten Traditionen des gleichschrittigen Lernens im fragend-erarbeitenden Unterricht vorgehen und Lehrer und Lehrerinnen laufend Fragen stellen, die sie selbst am kompetentesten beantworten könnten. In jeder Schule gibt es jedoch vielfältige Praktiken, die zumindest inklusives Potenzial haben und versuchen, auf die vorhandene Vielfalt der Schülerschaft besser einzugehen. Das mögen projektorientierte, fächerübergreifende oder Methoden des kooperativen Lernens sein, ebenso wie ökologische, musische, sportliche Schwerpunkte, die „gesunde", die „gewaltfreie" oder die Europa-Schule. Jede Schule kann auf eigene Praktiken blicken, die inklusiv wirksam sind – und keine fängt beim Punkt Null an. Dies mag sich anders darstellen, wenn Inklusion auf den Aspekt Beeinträchtigung verkürzt wird, zumal dann auch schnell die Sonderpädagogik und die entsprechenden Kolleginnen und Kollegen als zunächst zuständig angesehen werden – und damit wäre der größte Teil innovativen Potenzials von Inklusion verschenkt.

Letztlich geht es auch beim inklusiven Unterricht um die immer schon zentrale pädagogische Frage, wie es gelingen kann, dass – hier sehr und gewollt –

1. Einführung: Was ist Inklusion?

unterschiedliche Kinder und Jugendliche im sozialen Kontext einer Lerngruppe kontinuierlich miteinander aufwachsen können und Unterricht sowohl für jeden Einzelnen Lernzuwächse ermöglicht, als auch für die soziale Gruppe Prozesse der Auseinandersetzung und der Kooperation sichert, so dass der soziale Zusammenhang gewahrt bleibt. Hierfür stellt die Gesamtschulpädagogik Strategien wie das Team-Kleingruppenmodell oder das Kooperative Lernen bereit, die integrative Pädagogik hat sie unter dem Aspekt großer Leistungsheterogenität weiterentwickelt (vgl. HINZ 2006). Letztlich geht es um die Balance von individualisiertem und gemeinsamem Lernen (vgl. HINZ 2004).

Inklusive Pädagogik stellt in diesem Zusammenhang nichts grundsätzlich Neues dar, sie bringt „lediglich" die unterschiedlichen Aspekte in einen systematischen Zusammenhang und greift dabei häufig auf die Pädagogik der Vielfalt zurück (vgl. PRENGEL 1993, HINZ 1993).

Ohne einen „Königsweg" zum inklusiven Unterricht behaupten zu wollen, erscheinen zwei Ansätze des Lernens unter inklusiven Gesichtspunkten als bedeutsame Wegweiser, die ein produktives Potenzial der Verunsicherung aufweisen: das pluralistische Lernen aus dem Bereich der demokratischen Bildung und das expansive Lernen aus der Kritischen Psychologie.

Pluralistisches Lernen

Pluralistisches Lernen, so Yaacov Hecht (bekennender, hoch kompetenter „Schulversager" und Gründer der ersten demokratischen Schule in Israel), berücksichtigt die Einmaligkeit jeder Person und basiert auf der Überzeugung des für alle Menschen gleich geltenden Rechts, diese Einmaligkeit auch ausdrücken zu können (vgl. HECHT 2010). Ein Bildungssystem, das diese Einmaligkeit nicht berücksichtigt, ignoriert die Person, mit der es zu tun hat. Es mag Aspekte dieser Person, also verallgemeinerbare Ähnlichkeiten einer Gruppe wie dieser Person berücksichtigen (Alter, Herkunft, typisches Pausenverhalten etc.), so als wären alle Kopien voneinander und lediglich eine variierende Summe von Eigenschaften, nicht aber ein einzigartiger Mensch, bestehend aus einem einmaligen multi-zellularen genetischen Code und ohne auch nur eine einzige humane Entsprechung. Diesen Personen, deren Beiträge zur Welt immer einmalig sind, will pluralistisches Lernen Rechnung tragen. Ein Schritt hierzu ist die bewusst wahrgenommene Differenz zwischen Weltwissen und Schulwissen (vgl. Abb. 1).

1. Einführung: Was ist Inklusion?

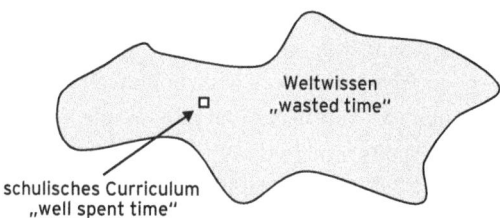

Abb. 1: Weltwissen und Schulwissen (nach Hecht 2002, 5)

Die Wolke repräsentiert das gesamte Weltwissen in seiner sich ständig vergrößernden Komplexität, das kleine Quadrat symbolisiert das Wissen, das traditionell per tradiertem Unterricht gelehrt und als obligatorisches Curriculum den Lernenden einzig zugänglich ist – und dies auch noch allen zur selben Zeit. Nur diese Hinwendung zur gleichen Zeit, zum gleichen Thema und auf die augenscheinlich gleiche Weise gilt als gut verbrachte Zeit – alles andere wird als Zeitverschwendung eingestuft. Also verharren die meisten Lernenden in großer Zahl auf engem Raum und versuchen sich in dem Kunststück, sich selbst und eigene Erkenntnisinteressen und Bedürfnisse, die eigene Frage und Neugier im Blick zu behalten und sich dennoch gleichzeitig an das große Ganze anzupassen. Nicht selten führt dies zu dem Ergebnis, dass diese Assimilation den Verlust sowohl der eigenen wie der Wahrnehmung der anderen bewirkt (vgl. Hecht 2002, 5).

Innerhalb des Quadrats versuchen alle, sich so gut es geht an die Vorgaben zu halten und dem je geforderten Format anzupassen. Dies ermöglicht, sie anhand eines klaren Kriteriums zu klassifizieren und nun als (Hoch-)begabte, Gute, Durchschnittliche, Schwache und Schlechte zu konstruieren. Da suggeriert wird, dass die Passung innerhalb des Quadrats die essenzielle Vorbereitung auf das Leben sei, wird diese Einschätzung von vielen sehr ernst genommen. Der größte Erfolg des Systems, so Hecht, liegt darin, „Squaristics" (ebd., 6) also „Quadratisten" zu erzeugen, die ihre (Lern-)Erfolge nur nach Bedeutungsgraden innerhalb des Quadrats kategorisieren und bewerten. Solange der dortige Maßstab gilt, glauben sie einschätzen zu können, ob sie einen Wissenszuwachs haben und von welcher Qualität ihr Können ist – immer bezogen auf das curricular relevante Faktenwissen im Quadrat.

Die vermeintliche Gewissheit, das einzig Richtige auf die einzig richtige Art gelernt zu haben, weil es ihnen erst angetragen, dann motivierend nahe ge-

1. Einführung: Was ist Inklusion?

bracht, schließlich beigebracht wurde, Schritt für Schritt in der dafür angesetzten Zeit, suggeriert in jedem Fall, eigene Lernzeit gut verbracht zu haben. Die Wissensautoritäten, so Hecht, verabreichen didaktisch aufbereitetes Material Häppchen für Häppchen und verfüttern den Stoff an die Wissenshungrigen, auf dass sie satt und vom Nichtwissenden zum Wissenden werden. Wenn falsche Antworten vom „guten Pfad der Linearität" wegführen und bei jeder unerwarteten Antwort Warnlampen anspringen, wird Monodenken genährt (vgl. Abb. 2). Diese Charakterisierung einer Kultur eines künstlichen und reaktiven Lernens ruft dann geradezu nach Formen der Hilfe und Ergänzung wie Nachhilfe oder nach anderen individuellen Anpassungstricks und -strategien. „Individuelle Förderung" ist relativ leicht in die lineare Dynamik einzufügen (vgl. BOBAN/HINZ 2012). Dann heißt es oft, man müsse die Lernenden dort abholen, wo sie stünden.

Abb. 2: Fehler im linearen Lernen (nach HECHT 2002, 7)

Auf diesem schmalen Grat drängelt sich zeitgleich eine Masse von Menschen, stets in der Gefahr abzustürzen, wenn sie dem Plan der Autoritäten nicht voll entsprechen können. In der Lehrerfortbildung soll dann geklärt werden, wie Lernen Spaß machen kann und wie man die Lernenden motivieren kann, sich den Fragen zuzuwenden, für deren Verkauf die Lehrpersonen bezahlt werden. Wer hier mit falschen Antworten lernend abbiegt, landet woanders, in anderen Klassen, Schulen und Schultypen und ggf. in der Psychiatrie oder im Gewahrsam der Polizei, wenn die Unterwerfung nicht aushaltbar ist und durch Schulabsentismus gelöst wird – so Hechts Analyse der bisher üblichen „Spielregeln".

Die Perspektive des pluralistischen Lernens erlaubt zu erkennen, dass es außerhalb des Quadrats keine Notwendigkeit für diese Form des Balanceakts gibt. Hier wird in spiralförmigen Bewegungen um Wissenszuwächse gerungen. Je größer aber der Wissenszuwachs wird, umso größer wird auch das Erkennen, was alles mit ihm im Zusammenhang steht und noch unklar ist. Hecht mutmaßt, dass Stephen Hawking das umfassendste Wissen über schwarze Löcher

1. Einführung: Was ist Inklusion?

in der Astrophysik hat und deshalb zugleich derjenige sein dürfte, der die meisten unbeantworteten Fragen hierzu hat.

Die echte Hinwendung zu dem je eigenen Interesse ist jedoch nicht so einfach, wie es den Anschein haben mag, denn echtes Interesse und ernsthafte Hinwendungsbereitschaft sind oftmals verschüttet oder werden durch eine Flut von Informationen gestört. Wenn aber vertiefendes, selbst gesteuertes Lernen im unendlichen Feld des Weltwissens und im Modus der „Zeitverschwendung" stattfindet, dann lässt sich pluralistisches Lernen mit dem Bild der Spirale und vier immer wieder zu durchlaufenden Bereichen darstellen (vgl. Abb. 3): Sie beginnt im bewussten Nichtwissen, erste Suchbewegungen führen zum Entdecken, neue Erkenntnisse fügen sich zusammen zum Wissen, bis neue Fragen zum Zweifeln führen, sicher zu Wissen Geglaubtes stirbt und neue Samenkörner anderer Ideen ausgesät werden, die mit neuen Zutaten und vertiefter Hinwendung zu sprießen beginnen, Blüten und Früchte des Wissens tragen, bis auch sie welken und eingehen.

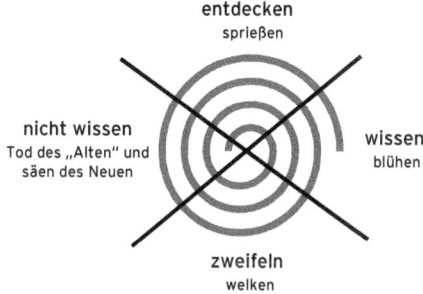

Abb. 3: Pluralistisches Lernen als Spiralprozess (nach Hecht 2002, 14)

Damit nimmt Hecht die alte Idee des hermeneutischen Zirkels, der für die forschende Annäherung an einen Gegenstand steht, für das Lernen insgesamt auf. Das je eigene Interesse zu finden und zu bewahren, ist demnach der eigentlich zu unterstützende Prozess einer inklusiven Pädagogik. Vom Lernenden gewählte Lernbegleiterinnen und -begleiter bieten durch Präsenz einen kontinuierlichen Dialog über die eigenen – meist in Lernkollektive eingebundene – Aneignungswege des Lernens. Sie sind vor allem in den Bereichen des Zweifelns und des Nichtwissens wichtig, in den anderen könnten sie störend wirken und sollten sich eher zurückhalten.

1. Einführung: Was ist Inklusion?

Expansives Lernen

Die kritische Analyse bisher dominierender „Spielregeln" teilt der Kritische Psychologe Klaus Holzkamp, der die Entstehung von „Lernbehinderungen" direkt mit der Art des „Lehrens" (1991) in Zusammenhang bringt. Standards, vorgegebene Curricula und Vergleichsarbeiten führen u. a. zu der Gefahr, dass so auch wohlmeinende Formen individueller Förderung zu kompensatorischer Nachhilfe gerinnen. Bleibt es bei einer chronischen Fehlforderung von zwar gut unterrichteten Personen, die aber dennoch oder gerade deshalb wenig lernen, indem unabhängig von ihren eigenen Interessen und Fragen und unverknüpft mit ihren Fähigkeiten Anforderungen formuliert werden, wird dieses bei vielen beteiligten Individuen Langeweile, Frustration, Ängste und Stress erzeugen. Dies hängt wesentlich von zwei Faktoren ab: zum einen davon, wie aktiv oder passiv, und zum anderen, wie vorgegeben oder selbst gewählt gelernt werden kann (vgl. BOBAN/HINZ 2012 und Abb. 4).

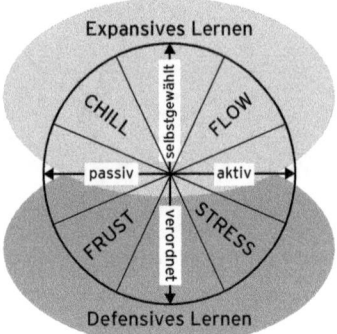

Abb. 4: Lernbedingungen und ihre tendenziellen Folgen (BOBAN/HINZ 2012, 67)

Zu konstatieren sind demnach folgende dominierende Tendenzen, die in der Realität immer auch Anteile des je anderen enthalten: Besteht Aktivität vorwiegend aus dem Erfüllen verordneter Aufgaben, entsteht bei vielen Lernenden Stress, dominiert hingegen passives Stillsitzen und Zuhören, entsteht vielfach Frust. Häufig kommt es zu beidem bei verschiedenen Lernenden gleichzeitig, weil Lehrende in einem im Wesentlichen durch sie gesteuerten Unterricht in die schwierige Motor-Brems-Dynamik geraten, bei der sie einige anschieben und andere verlangsamen zu müssen meinen. Der hohe Grad an Stress für die Leh-

1. Einführung: Was ist Inklusion?

renden entsteht letztlich dadurch, dass sie alle Lernende in einem Modus „defensiv begründeten Lernens" (HOLZKAMP 1992, 9) halten müssen, der von curricularer und persönlicher Fremdbestimmung geprägt ist.

Der heimliche Lehrplan lehrt alle, dass – wie beim linearen Lernen mit Hecht – ihre Fragen und Interessen, aber auch ihre individuellen Fähigkeiten und Stärken nicht zum Tragen kommen, sondern es vielmehr darauf ankommt, die Lehrenden mit ihren Aufgabenstellungen zufriedenzustellen. Wie Holzkamp (ebd.) schreibt, zielt dieses außengesteuerte und sachentbundene Lernen lediglich auf die Abwehr von möglichen Bestrafungen; zuförderst geht es „um die Abrechenbarkeit des Lernerfolgs bei den jeweiligen Kontrollinstanzen" (ebd. 1995, 193). Was hierbei gelernt wird, kann fragmentarisches Sachwissen sein, vor allem aber wird gelernt, wie die je nächste Selektionshürde gemäß der ‚Standardisierungsagenda' ohne Crash zu nehmen ist. Marshall B. Rosenberg, der Nestor der Gewaltfreien Kommunikation und lebensbereichernden Pädagogik, fasst diese gewaltvolle, zur Defensivität zwingende Grundsituation drastisch zusammen: „In den regulären Schulen, in denen ich oft arbeite, sind Lehrer wie Milchflaschen und die Schüler wie leere Gläser, die in einer Reihe aufgestellt sind. Unterrichten ist: die Milch in die Gläser gießen. Wenn die Prüfung kommt, dann schütten die Gläser die Milch wieder in die Milchflasche, und am Ende haben wir 30 leere Gläser und eine Milchflasche voll mit ausgekotzter Milch" (2004, 122). Den Lernenden ist das Verweilen in der Flasche anzusehen, da ihre Körper mit der Ausschüttung von Cortisol (bei Frust) und Adrenalin (bei Stress) reagieren – bei den Lehrenden nicht minder –, und das hohe Burn-out-Risiko und andere zum vorzeitigen Berufsausstieg führende psychosomatische Phänomene bei Pädagoginnen und Pädagogen werfen ein neues Licht auf den Begriff „Leergut".

Bei selbstbestimmtem Lernen kommt es mit Chance dagegen zu einem Fließen von Serotonin (im Flow-Modus), Endorphin und Oxytocin (beim gemeinsamen Tun oder „Chillen" mit anderen). So wird schnell ersichtlich, welcher Bereich Potenziale der Kränkung hat und welcher zur Gesundheit beitragen kann. Gelingt bei großem Aktivitätsgrad im „Flow-Kanal" (BUROW 2011, 64) ein intensives Eintauchen in die Auseinandersetzung mit einer Sache, fühlen sich Tauchende erfrischt und tauchen sichtlich inspiriert und froh erschöpft wieder auf. Was sie danach zum Runterkommen, zur Erholung und vor allem zur Verarbeitung des gerade erschöpfend Geschöpften brauchen, ist geringe Aktivität: Räume zum „Chill". Solch entspanntes, entspannendes Abhängen, währenddessen

1. Einführung: Was ist Inklusion?

nach Aussagen der Hirnforschung hinreichend belegt Erarbeitetes weiter verarbeitet werden kann – und beides ist für das Lernen im wahrsten Sinne des Wortes „Not wendig" –, wird bislang in Bildungseinrichtungen wenig wertgeschätzt. Positiv bewertet wird vielmehr relativ aktives Reagieren auf einzelne Signale.

Inklusive Pädagogik eröffnet Möglichkeitsräume „expansiv begründeten Lernens" (Holzkamp 1995, 191), in denen es um das Lernen um der „mit dem Eindringen in den Gegenstand erreichbaren Erweiterung der Verfügung/Lebensqualität willen" geht (ebd.). In solchen Möglichkeitsräumen, wenn alle Lernenden an selbst gewählten Themen mit einer selbst definierten Balance von Passiv- und Aktiv-Sein lernen, stellt sich die Notwendigkeit nicht mehr, dass Einzelne innerhalb eines kollektiven Rahmens besonders – geschweige denn gesondert – gefördert werden müssten (vgl. Boban & Hinz 2012). Was alle stattdessen bei ihren individuellen Vorhaben brauchen, ist Lernbegleitung durch aufmerksame und (be-)stärkende Erwachsene, und dies in individuell unterschiedlichem Ausmaß und zu verschiedenen Zeitpunkten ihrer Lernprozesse. Dazu gehört dann eine Fragehaltung, die eher das „Was tust du gern?" fokussiert als das „Was kannst du gut?" – und schon gar nicht das „Was kannst du alles noch nicht und wobei ist Förderung angesagt?" Für die Rolle als Lernbegleiterin oder Lernbegleiter im Feld inklusiver Pädagogik stellt sich dann nicht mehr das Dilemma der Motor-Brems-Dynamik, sie lässt sich eher als zeitweilig eingeladene Beifahrer, vielleicht als lernbezogene Stauberater und als pädagogische Tankwarte beschreiben (vgl. ebd.). Rosenberg fasst die Rolle lebensbereichernder Pädagoginnen und Pädagogen im Bild des Reiseveranstalters: Sie „bieten dir verschiedene Reiseziele an, sie können dir auch etwas empfehlen oder dich beraten, aber sie sagen dir nicht, wo du hinfahren sollst. Reiseveranstalter erwarten von ihren Kunden weder, dass sie alle zusammen fahren, noch, dass sie alle an den gleichen Ort fahren. Und: Reiseveranstalter vermitteln die Reise und kümmern sich um das Organisatorische, aber sie fahren nicht mit" (2004, 120f.).

Erst mit Möglichkeitsräumen für expansives Lernen entstehen Chancen dafür, dass Lernende sich als aktive, selbstwirksame Individuen innerhalb einer kreativen Gruppe erleben können. „Flow-Qualität" des Arbeitens – und vermutlich auch der „Chill-Modus" des Verarbeitens – bedarf der Inspiration des gemeinsamen Denkens und einer dialogischen Qualität von Beziehung. Alles was an Tun innerhalb des defensiv herausfordernden Kontexts sichtbar wird, bezeichnet Holzkamp als „Verhalten" – erst im Kontext expansiven Lernens wird eigenes Handeln ermöglicht, nur hier wird aus sich heraus begründete Handlung erkennbar.

Zwischenfazit

Dieser Text ist nicht dafür gedacht, dass die Herausforderungen inklusiver Pädagogik noch schwerer auf den Schultern von Lehrkräften lasten. Gleichwohl erscheint es wichtig, die Grundsätzlichkeit zu verdeutlichen, die mit inklusiven Vorstellungen verbunden ist. Die Gedanken des pluralistischen und expansiven Lernens, die sich auch sinnvoll mit Ansätzen des offenen Lernens verbinden lassen, zeigen eine Perspektive auf, in die sich Unterricht weiterentwickeln kann – und nach der Erinnerung an die allgemeinen Menschenrechte in der Behindertenrechtskonvention, die ja keine Spezialrechte für bestimmte Menschen beschreibt, sondern nur herausstellt, dass die allgemeinen auch für sie gelten, auch weiterentwickeln muss. Das macht vermutlich Druck – und das in einer Zeit, in der viele Anforderungen in andere Richtungen, etwa die der Output-Orientierung, der Vergleichsarbeiten und des Zentralabiturs, schieben. So werden die grundlegenden pädagogischen Widersprüche und Spannungsmomente weiter verschärft.

Deshalb ist es wichtig, sich gleichzeitig klar zu machen, dass Inklusion ein kontinuierlicher Prozess ist, der bestehende und vielleicht erst jetzt wahrgenommene Barrieren immer weiter abzubauen versucht. Hierbei kann der Index für Inklusion (vgl. BOBAN/HINZ 2003) produktiv für eine Schule sein, da er die grundsätzliche Orientierung inklusiver Pädagogik mit pragmatischen Entwicklungsschritten verbinden hilft, ohne dass sie sich selbst komplett überfordert. Vielmehr zielt er auf einen Dialog mit allen intern Beteiligten und den externen Kooperationspartnern, in dem die vielen vorhandenen und mitunter wenig wahrgenommenen Perspektiven fruchtbar zusammen gebracht und schulprogrammatisch gefasst werden. Mittlerweile gibt eine Vielzahl von Beispielen, wie dies sinnvoll geschehen kann (vgl. BOBAN/HINZ 2011, HINZ u. a. 2013).

In der Literatur findet sich bisher wenig an Ansätzen, wie inklusiver Unterricht auf bestimmte Lernfelder – seien es tradierte Fächer oder fachübergreifende Bereiche – bezogen werden kann. Auch hier macht der Index für Inklusion Vorschläge (vgl. BOBAN/HINZ 2014) – und konkrete Strategien und Möglichkeiten zu entwickeln und bekannt zu machen, ist ein wichtiger Schritt auf dem Weg zu einem inklusiveren Schulwesen.

1. Einführung: Was ist Inklusion?

Literatur

ALUR, MITHU (2005): Strengthening the Community from Within: A Whole Community Approach to Inclusive Education in Early Childhood. In: ALUR, MITHU/BACH, MICHAEL (Eds.) (2005): Inclusive Education. From Rhetoric to Reality. The North South Dialogue II. New Dehli: Viva Books, 129–146

BOBAN, INES/HINZ, ANDREAS (Hrsg.) (2003): Index für Inklusion. Lernen und Teilhabe in Schulen der Vielfalt entwickeln. Halle (Saale): Martin-Luther-Universität

BOBAN, INES/HINZ, ANDREAS (2011): „Index für Inklusion" – ein breites Feld von Möglichkeiten zur Umsetzung der UN-Konvention. In: FLIEGER, PETRA/SCHÖNWIESE, VOLKER (Hrsg.): Menschenrechte – Integration – Inklusion. Aktuelle Perspektiven aus der Forschung. Bad Heilbrunn: Klinkhardt, 169–175

BOBAN, INES/HINZ, ANDREAS (2012): Individuelle Förderung in der Grundschule? – Spannungsfelder und Perspektiven im Kontext inklusiver Pädagogik und demokratischer Bildung. In: SOLZBACHER, CLAUDIA/MÜLLER-USING, SUSANNE/DOLL, INGA (Hrsg.): Ressourcen stärken! Individuelle Förderung als Herausforderung für die Grundschule. Köln: Wolters Kluwer, 64–78

BOBAN, INES/HINZ, ANDREAS (2014): Index für Inklusion. Praxishandbuch für Spiel, Lernen und Partizipation im Bildungskontext (in Vorbereitung)

BOBAN, INES/HINZ, ANDREAS/PLATE, ELISABETH/TIEDEKEN, PETER (2014): Inklusion in Worte fassen – eine Sprache ohne Kategorisierungen? In: BERNHARDT, NORA/HAUSER, MANDY/POPPE, FREDERIK/SCHUPPENER, SASKIA (Hrsg.): Inklusion und Chancengleichheit. Diversity im Spiegel von Bildung und Didaktik. Bad Heilbrunn: Klinkhardt 2014 (in Vorbereitung)

BOOTH, TONY (2008): Ein internationaler Blick auf inklusive Bildung: Werte für alle? In: HINZ, ANDREAS/KÖRNER, INGRID/NIEHOFF, ULRICH (Hrsg.): Von der Integration zur Inklusion. Grundlagen – Perspektiven – Praxis. Marburg: Lebenshilfe, 53–73

BOOTH, TONY/AINSCOW, MEL (Eds.) (^{2}2002): Index for Inclusion. Developing Learning and Participation in Schools. Bristol: CSIE (auch online unter: http://www.eenet.org.uk/resources/docs/Index%20English.pdf)

BUROW, OLAF-AXEL (2011): Positive Pädagogik. Sieben Wege zu Lernfreude und Schulglück. Weinheim/Basel: Beltz

GOMOLLA, MECHTHILD/RADTKE, FRANK-OLAF (^{3}2009): Institutionelle Diskriminierung. Die Herstellung ethnischer Differenz in der Schule. Wiesbaden: VS

HAEBERLIN, URS (2007): Aufbruch vom Schein zum Sein. VHN 76, 253–255

HECHT, YAACOV (2002): Pluralistic Learning as the Core of Democratic Education. The Institute for Democratic Education. Tel Aviv

HECHT, YAACOV (2010): Democratic Education. A Beginning of a Story. Tel Aviv: Innovation Culture

HINZ, ANDREAS (1993): Heterogenität in der Schule. Integration – Interkulturelle Erziehung – Koedukation. Hamburg: Curio (auch online unter: http://bidok.uibk.ac.at/library/hinz-heterogenitaet_schule.html)

HINZ, ANDREAS (1996): Inclusive Education in Germany: The Example of Hamburg. The European Electronic Journal on Inclusive Education in Europe, 1, 1996

HINZ, ANDREAS (2000): Niemand darf in seiner Entwicklung behindert werden – von der integrativen zur inklusiven Pädagogik? In: KUNZE, LUTZ/SASSMANNSHAUSEN, UWE (Hrsg.): Gemeinsam weiter … 15 Jahre Integrative Schule Frankfurt. Frankfurt: Selbstverlag, 69–82

HINZ, ANDREAS (2002): Von der Integration zur Inklusion – terminologisches Spiel oder konzeptionelle Weiterentwicklung? Zeitschrift für Heilpädagogik 53, 354–361
HINZ, ANDREAS (2004): Vom sonderpädagogischen Verständnis der Integration zum integrationspädagogischen Verständnis der Inklusion!? In: SCHNELL, IRMTRAUD/SANDER, ALFRED (Hrsg.): Inklusive Pädagogik. Bad Heilbrunn: Klinkhardt, 41–74
HINZ, ANDREAS (2006): Integrativer Unterricht. In: WÜLLENWEBER, ERNST/THEUNISSEN, GEORG/MÜHL, HEINZ (Hrsg.): Handbuch Pädagogik bei geistiger Behinderung. Stuttgart: Kohlhammer, 341–349
HINZ, ANDREAS (2008): Inklusion – historische Entwicklungslinien und internationale Kontexte. In: HINZ, ANDREAS/KÖRNER, INGRID/NIEHOFF, ULRICH (Hrsg.): Von der Integration zur Inklusion. Grundlagen – Perspektiven – Praxis. Marburg: Lebenshilfe, 33–52
HINZ, ANDREAS (2013): Inklusion – von der Unkenntnis zur Unkenntlichkeit?! Kritische Anmerkungen zu zehn Jahren Diskurs zur schulischen Inklusion. Inklusion Online – Zeitschrift für Inklusion. H. 1, 2013. Online unter: http://www.inklusion-online.net/index.php/inklusion/article/view/201/182
HINZ, ANDREAS/BOBAN, INES/GILLE, NICOLA/KIRZEDER, ANDREA/LAUFER, KATRIN/TRESCHER, EDITH (2013): Entwicklung der Ganztagsschule auf der Basis des Index für Inklusion. Bericht zur Umsetzung des Investitionsprogramms „Zukunft Bildung und Betreuung" im Land Sachsen-Anhalt. Bad Heilbrunn: Klinkhardt
HINZ, ANDREAS/GEILING, UTE/SIMON, TONI (2014): Response-To-Intervention – (k)ein inklusiver Ansatz? In: BERNHARDT, NORA/HAUSER, MANDY/POPPE, FREDERIK/SCHUPPENER, SASKIA (Hrsg.): Inklusion und Chancengleichheit. Diversity im Spiegel von Bildung und Didaktik. Bad Heilbrunn: Klinkhardt (in Vorbereitung)
HOLZKAMP, KLAUS (1991): Lehren als Lernbehinderung? Forum Kritische Psychologie 27, 5–22
HOLZKAMP, KLAUS (1992): Die Fiktion administrativer Planbarkeit schulischer Lernprozesse. Online unter: http://www2.ibw.uni-heidelberg.de/~gerstner/holzkampLernfiktion.pdf
HOLZKAMP, KLAUS (1995): Lernen. Subjektwissenschaftliche Grundlegung. Frankfurt/Main: Campus
LAZARUS, S./DANIELS, B./ENGELBRECHT, LEVI ([6]1999): The inclusive school. In: ENGELBRECHT, PETRA/GREEN, LENA/NAICKER, SIGAMONEY/ENGELBRECHT, LEVI (Eds.): Inclusive Education in action in South Africa. Pretoria: Van Schaik, 45–68
NAICKER, SIGAMONEY ([6]1999): Inclusive Education in South Africa. In: ENGELBRECHT, PETRA/GREEN, LENA/NAICKER, SIGAMONEY/ENGELBRECHT, LEVI (Eds.): Inclusive Education in action in South Africa. Pretoria: Van Schaik, 12–23
PRENGEL, ANNEDORE (1993): Pädagogik der Vielfalt. Verschiedenheit und Gleichberechtigung in interkultureller, feministischer und integrativer Pädagogik. Opladen: Leske+Budrich
REISER, HELMUT (1991): Wege und Irrwege zur Integration. In: SANDER, ALFRED/RAIDT, PETER (Hrsg.): Integration und Sonderpädagogik. St. Ingbert: Röhrig, 13–33
ROSENBERG, MARSHALL B. (2004): Erziehung, die das Leben bereichert. Gewaltfreie Kommunikation im Schulalltag. Paderborn: Junfermann
SKRTIĆ, THOMAS M. ([4]1995): The Special Education Knowledge Tradition: Crisis and Opportunity. In: MEYEN, EDWARD L./SKRTIĆ, THOMAS M. (Eds.): Special Education & Student Disability. An Introduction. Traditional, emerging and alternative perspectives. Denver, CO: Love Publishing, 609–672

2. Grundpfeiler des inklusiven Englischunterrichts

2.1 Das multiprofessionelle Team – der „erste Pädagoge"

Damit inklusiver Englischunterricht gelingen kann, ist eine konstruktive Zusammenarbeit im Zwei-Pädagogen-System nötig, d. h. die erfolgreiche Kooperation der Fachlehrkraft mit einem/r Sonder- oder Sozialpädagogen/in bei der Planung, Durchführung und Nachbereitung des Unterrichts. Mitunter ist auch die Zusammenarbeit zweier Englisch-Lehrkräfte möglich.

An diese Zusammenarbeit sind verschiedene Bedingungen geknüpft:

- Bewährt hat sich Teamarbeit in den Kombinationen Englischlehrkraft + Englischlehrkraft, Englischlehrkraft + Sonderpädagoge/in oder Englischlehrkraft + Sozialpädagoge/in.
- Hilfreich ist es, wenn Sozial- und Sonderpädagogen über gute Englischkenntnisse und ein Grundwissen in Allgemeiner Didaktik verfügen und die Englischlehrkraft über sonderpädagogisches Wissen in Bezug auf die besonderen Förderbedarfe der Schüler. Dieses Wissen kann in der Ausbildung oder durch entsprechende Fortbildung erworben bzw. erweitert werden.
- Die Zusammensetzung der Teams muss in allen Englischstunden stabil sein, da viele Kinder auf verlässliche Bezugspersonen und feste Beziehungen angewiesen sind und sie ein stundenweiser Personalwechsel nur irritiert. Überdies würde sonst auch der Koordinationsaufwand für die Pädagogen zu groß.
- Die vielseitigen Qualifikationen und Kompetenzen der Teampartner dienen der ausgewogenen Zusammenarbeit und lassen beide auch in der Wahrnehmung der Schüler als gleichwertige Ansprechpartner für pädagogische und fachliche Fragen erscheinen.
- Gute Zusammenarbeit bedeutet, dass beide gemeinsam Verantwortung für den Unterricht übernehmen und Absprachen hinsichtlich der Ziele, Inhalte, Methoden und Medienauswahl treffen (Arbeitsblätter, Lernmaterial ...), die differenzierte Förderung einzelner Schüler koordinieren und Unterstützungsangebote planen.
- Es bereichert den Unterricht und die eigene professionelle Kompetenz, wenn die Rollen nicht starr verteilt, sondern Aufgaben und Zuständigkeiten flexibel gehandhabt werden. Während einer die Hauptverantwortung für Gestaltung und Ablauf des Unterrichts übernimmt und die Gruppe anleitet, bleibt der andere im Hintergrund und unterstützt einzelne Kinder. Die Federführung kann, wenn das Team gut eingespielt ist, innerhalb einer Stunde wechseln oder von Stunde zu Stunde.

2. Grundpfeiler des inklusiven Englischunterrichts

- Flexibilität und Rollentausch erlauben es auch der Englischlehrkraft, sich Schülern individuell zuwenden zu können oder die Klasse bei der Arbeit zu beobachten. Das ermöglicht wichtige, das eigene Bewusstsein erweiternde Erfahrungen. Für viele Kinder mit Förderbedarf ist es wichtig zu spüren, dass sich auch die Lehrkraft regelmäßig Zeit für sie nimmt.
- Sonder- und Sozialpädagogen/innen erweitern ihre Handlungsmöglichkeiten, wenn sie im Wechsel mit der Englischlehrkraft fachliche Anteile übernehmen und auch mit der ganzen Klasse arbeiten, statt nur mit einzelnen Kindern. So werden sie in der Wahrnehmung der Lernenden zu gleichwertigen Ansprechpartnern und sind nicht nur „für die Behinderten zuständig".

Das Zwei-Pädagogen-System bietet somit eine echte Chance, pädagogische Kompetenzen weiterzuentwickeln. Wenn Konkurrenzkampf und Kompetenzgerangel vermieden und Ängste abgebaut werden, stellen das gemeinsame Nachdenken über Unterricht, die Rückmeldung zum eigenen Lehrerverhalten durch den anderen und die wechselseitigen Anregungen der beiden Teampartner eine gute Basis für die Verbesserung der Selbstwahrnehmung und die Erweiterung der eigenen Handlungsmöglichkeiten dar.

Wenn das Potenzial dieses System entsprechend genutzt wird, kommt es dem inklusiven Unterricht sehr zugute, weil es das gemeinsame Lernen der ganzen Gruppe am Gegenstand unterstützt. Das hilft nicht nur den Trägern einer Behinderung oder Beeinträchtigung, sondern bietet die Chance, alle Lernenden besser fördern zu können, was auch die leistungsstarken Schüler explizit mit einschließt. Die Sonderpädagogen sollten sich nicht ausschließlich auf Schüler mit besonderem Förderbedarf konzentrieren und mit ihnen womöglich außerhalb des „eigentlichen" Unterrichts Sonderaufgaben bearbeiten. Es ist bemerkenswert, mit welcher Vehemenz Schüler mit Beeinträchtigungen besonders während der Pubertät jegliche Versuche einer solchen „Sonderbehandlung" ablehnen. Die ausschließliche Betreuung durch eine „eigene" Pädagogin wird meist ebenso kategorisch abgelehnt wie eine Förderung außerhalb des Klassenraumes mit speziellen Aufgaben, die mit den Themen der Mitschüler wenig zu tun haben. Dies wird von vielen zu Recht als Stigmatisierung („Wir sind ja hier nur die Doofen") und soziale Isolierung („Wir werden von der Klasse ferngehalten und bekommen langweilige Behindertenaufgaben") empfunden und muss unbedingt respektiert werden!

2. Grundpfeiler des inklusiven Englischunterrichts

Zusammenfassend lässt sich sagen, dass das Zwei-Pädagogen-System eine gute Basis für die Gestaltung anregender und differenzierender Lernsituationen für alle darstellt. Dies beinhaltet ausdrücklich auch das Arrangement von Gruppenarbeitsphasen, solange dies nicht zu einer Stigmatisierung von Lernenden mit Beeinträchtigungen führt. Eine Gruppenbildung darf nie ausschließlich nach dem Kriterium „behindert oder nicht-behindert" erfolgen. Sinnvoll ist die variable, bedarfsabhängige Bildung von Arbeitsgruppen nach verschiedenen Kriterien:

- **nach Interessen:** Es finden sich Lernende zusammen, die ein bestimmtes Thema bearbeiten oder eine spezielle Aufgabe üben wollen.
- **nach Leistungsniveau:** Schülerinnen und Schüler arbeiten in einer Gruppe an Aufgaben mit einem bestimmten Anforderungsniveau (*, ** oder ***). Die Schüler entscheiden, welcher Schwierigkeitsgrad für sie angemessen ist.
- **nach Zufall:** Das Los entscheidet über die Gruppenzusammensetzung.
- **nach Sympathie:** Die Schüler bilden eine Gruppe, die gerne miteinander arbeiten möchten und bewusst die Nähe bestimmter Mitschüler suchen.
- **nach Entscheidung des Teams:** Die Pädagogen stellen gezielt heterogene Gruppen zusammen, in denen sich die Lernenden unterstützen können.
- **nach Geschlecht:** Manchmal ist es Ziel führend, Jungen und Mädchen vorübergehend zu trennen, wenn es etwa darum geht, unterschiedliche Perspektiven zu Themen wie *What makes somebody a good friend?* oder *Do boys and girls share jobs at home?* zu beleuchten, bevor diese im Plenum gemeinsam diskutiert werden.

2.2 Die inklusive Lerngruppe – der „zweite Pädagoge"

Gemeinsamkeit und Vielfalt – eine Klasse für sich

Die Zahlen sprechen eine eindeutige Sprache: In der Sekundarstufe sind es besonders die Schulformen, die sich zunehmend als „zweite Säule" neben dem Gymnasium etablieren und je nach Bundesland als Gesamt-, Ober-, Stadtteil- oder Gemeinschaftsschulen bezeichnet werden, welche ...

- die Herausforderung durch Inklusion am umfassendsten annehmen,
- das gesetzlich verbriefte Recht aller Kinder zum Besuch allgemeinbildender Schulen am konsequentesten umsetzen und
- den gemeinsamen Unterricht von Kindern mit und ohne Behinderung über das Ende der Grundschulzeit hinaus fortsetzen.

2. Grundpfeiler des inklusiven Englischunterrichts

Lerngruppen an diesen Schulformen zeichnen sich durch ihre besondere Heterogenität aus, denn von Schülern mit sonderpädagogischem Förderbedarf bis hin zu Lernenden mit Gymnasialempfehlung ist die Bandbreite der Lernausgangslagen sehr groß. Diese Klassen stehen vor der enormen Herausforderung, alle Kinder mitzunehmen und unter Berücksichtigung ihrer individuellen Lernvoraussetzungen und Lernwege zu fördern.

Bis heute ist es gängige Praxis, die Heterogenität von Schulklassen möglichst zu reduzieren und die Vielfalt der Leistungsvoraussetzungen so gering wie möglich zu halten. Dem liegt die Annahme zugrunde, dass der Lernerfolg in homogen zusammengesetzten Gruppen größer ist als in heterogenen Klassen. An Gesamtschulen führte dies z. B. dazu, dass die Lernenden in den Jahrgängen 5/6 noch gemeinsam im Klassenverband unterrichtet werden, in Klasse 7 aber schon unterschiedliche Niveau-Kurse in Mathematik und Englisch, ab Klasse 8 auch in Deutsch und sukzessive in den Naturwissenschaften und dem Fach Gesellschaft besuchen, bis sich schließlich der gemeinsame Unterricht auf das Fach Sport und die Tutorenstunde reduziert.

Vielerorts hat inzwischen jedoch eine Diskussion darüber begonnen, wie sich im Rahmen schulgesetzlicher Vorgaben die äußere Fachleistungsdifferenzierung zu Gunsten einer individuellen Förderung im binnendifferenzierenden Unterricht – oft als kursinterne Differenzierung (KID) bezeichnet – aufgegeben werden kann.

Dennoch herrscht insgesamt eine eher verhaltene Grundstimmung vor, da die Frage nach der Individualisierung des Lernens kontrovers diskutiert und das Thema „kursinterne Differenzierung" besonders in Englischkollegien wohl mit größerer Skepsis betrachtet wird als in anderen Fachbereichen. Angesichts der spezifischen Anforderungen an den Englischunterricht plädieren nicht wenige dafür, an der äußeren Differenzierung als vermeintlichem Erfolgsmodell festzuhalten oder diese gar noch zeitlich vorzuverlegen. Typische Bedenken sind:

- „Die Schere geht schon in Klasse 5, spätestens ab Klasse 7, immer weiter auseinander!"
- „Der Spagat ist zu groß, den kann ich unmöglich leisten!"
- „Die Schüler sind so unterschiedlich – wie soll ich alle auf einen Stand bringen?"
- „Wie soll ich den leistungsstarken Schülern gerecht werden?"
- „Die schwachen, lustlosen Schüler hindern die anderen am Lernen!"
- „Was mache ich mit denen, die sich völlig aus dem Unterricht ausklinken?"

2. Grundpfeiler des inklusiven Englischunterrichts

Diese Argumente sind ernst zu nehmen und natürlich gilt es, auf solche Fragen Antworten zu finden. Andererseits konstatieren die Befürworter des längeren gemeinsamen Lernens im Englischunterricht jedoch nicht nur, dass das überhaupt funktioniert, was so oft bezweifelt wird, sondern dass KID in einer Weise gelingen kann, dass alle – Schüler, Eltern und Lehrkräfte – gerne auf die äußere Fachleistungsdifferenzierung verzichten.

Im Zuge der Einführung des inklusiven Unterrichts hat dieses Thema zusätzlich an Sprengkraft gewonnen: Wie kann Inklusion gelingen, wenn Schülerinnen und Schüler schon so früh nach Leistung separiert werden? Wie vertragen sich der Anspruch, die Vielfalt als Chance zu sehen, mit dem Wunsch nach Unterricht in möglichst leistungshomogenen Lerngruppen?

Unseres Erachtens ist Heterogenität in der Tat eine pädagogische Chance und nicht etwa Störfaktor oder gar Zumutung. Inklusiver Englischunterricht muss sich dieser Herausforderung stellen und Antworten auf die verbreiteten Bedenken, Einwände und Probleme finden. Wenn das gelingt, ist dies ein entscheidender Beitrag zur internen Qualitätsentwicklung: Der Englischunterricht kann dadurch gewinnen und qualitativ besser werden! Nachfolgend seien daher einige zentrale Argumente für die klassen- oder kursinterne Differenzierung (KID) im inklusiven Englischunterricht aufgeführt.

Stabile Klassengemeinschaft – gefestigte Persönlichkeiten

Ein möglichst langer gemeinsamer Englischunterricht leistet einen wichtigen Beitrag zur Entwicklung einer starken Klassengemeinschaft: Schülerinnen und Schüler erleben in Klasse 5 einen Neuanfang, der nicht immer reibungslos verläuft. Zusammen mit Kindern aus anderen Grundschulen lernen sie neue Fächer kennen, müssen sich in neuen Räumen orientieren und an neue Lehrkräfte gewöhnen. Es dauert einige Zeit, bis sie zu einer echten Gemeinschaft zusammenwachsen. Darum ist es wichtig, dass die Kinder möglichst viel gemeinsame Lernzeit miteinander verbringen können, die Mitschüler gut kennen lernen und Beziehungen knüpfen können. Dies gilt in besonderem Maße für viele Kinder mit erhöhtem Förderbedarf.

Kinder sind auch in der Schule auf verlässliche Beziehungen, regelmäßige Abläufe und stabile Strukturen angewiesen. Nicht wenige erfahren heute zu Hause leider nur wenig Kontinuität und Eltern sind mit ihren Erziehungsaufgaben häufig überfordert. Ein inklusiver Englischunterricht in stabilen Lerngruppen stärkt somit die kindliche Persönlichkeit ebenso wie die Klassengemeinschaft.

2. Grundpfeiler des inklusiven Englischunterrichts

Pädagogischer Bezug zwischen Tutoren und Schülern
Tutorinnen und Tutoren sind oftmals Vorbilder. Dies gilt in menschlicher Hinsicht, aber auch in Bezug auf die Ausbildung fachlicher Interessen. Wenn die Beziehung zwischen ihnen und der Klasse stimmt, springt so mancher Funke über. Dann können sie ihre Schüler anstecken und für ein Fach begeistern, wenn sie es authentisch vertreten und überzeugend „rüberbringen". Auch in Englisch ist diese motivierende Wirkung auf Grund des „Tutorenbonus" möglich. Der Effekt verpufft jedoch weitgehend, wenn man Lerngruppen früh trennt und die Tutoren mit Einführung der äußeren Fachleistungsdifferenzierung nur noch einen Teil der Klasse unterrichten, meist den schwächeren. So wird eine pädagogische Chance vertan, die persönliche Beziehung zwischen Tutor und Lernenden nachhaltig zu stärken und auf dieser Basis die Ausbildung fachlicher Interessen zu unterstützen.

Anregendes Lernmilieu für alle Schüler
Unterricht in negativ ausgelesenen Leistungsgruppen ist kein Zuckerschlecken. Lehrkräfte in Grundkursen an Gesamt- oder Hauptschulen berichten von frustrierten Schülern, die ein negatives Selbstbild entwickeln und sich darin gegenseitig bestärken. Zwar kann äußere Fachleistungsdifferenzierung für kurzfristige Erleichterung sorgen, weil lernschwache Schüler unter sich sind und sich zumindest vorübergehend mehr zutrauen als im gemeinsamen Unterricht der ganzen Klasse. Erfahrungsgemäß hält dieser Effekt aber nicht lange an, denn wenn sprachliche Vorbilder und anregende Beispiele fehlen, macht sich schnell eine lethargische Grundstimmung breit, und der Englischunterricht bleibt dauerhaft auf oft unbefriedigendem Niveau.

Demgegenüber bietet inklusiver Englischunterricht mit kursinterner Differenzierung allen ein anregendes Lernmilieu. Es herrscht Transparenz im Hinblick auf die unterschiedlichen Leistungsanforderungen, was viele Schüler dazu motiviert, sich hohe Ziele zu setzen und sich anzustrengen. Die Vielfalt der Lernvoraussetzungen erleichtert den Einsatz von Helfersystemen und kooperativen Arbeitsformen. Da alle Schüler zieldifferent am gleichen Thema arbeiten, ergeben sich vielfältige Möglichkeiten, sich gegenseitig beim Lernen zu unterstützen. Diese Vorzüge kommen in den folgenden Äußerungen von Siebtklässlern einer Hamburger Gesamtschule zum Thema „KID Englisch" zum Ausdruck:

- „Ich finde das gut, dass die Kinder alle voneinander lernen und der Kurs II auch viel beim Kurs I mitlernt."

2. Grundpfeiler des inklusiven Englischunterrichts

- „Das Wechseln von einem Kurs in den anderen ist einfacher. Man weiß genau, was die anderen machen. Man kann da mal schnuppern."
- „Ich finde gut, dass die Kinder aus Kurs I den Kindern aus Kurs II helfen".

Flexible und individuelle Förderung der Schüler

Im inklusiven Englischunterricht können leistungsstarke Schüler Lehreraufgaben übernehmen, ihren Mitschülern Stoff erklären und diesen zugleich für sich vertiefen. Für schwächere Lernende ist es ein wichtiger Anreiz, immer sprachliche Vorbilder und erweiterte Aufgabenformate im Blick zu haben, so dass sie sich prüfen können, inwiefern sie auch höhere Anforderungen bewältigen. Während nach herkömmlichem System eine Auf- oder Abstufung meist am Halbjahresende erfolgt, lässt sich bei KID die Förderung flexibler und individueller, probeweise auf diesem oder temporär auf jenem Niveau gestalten. Schreibt ein Schüler z. B. eine hervorragende Arbeit auf dem Niveau von Kurs II, kann er in den nächsten Stunden überwiegend Aufgaben mit erhöhten Anforderungen bearbeiten, auch wenn er nicht offiziell aufgestuft wurde, ohne dazu die Lerngruppe wechseln zu müssen. Dies trägt erheblich zur Entwicklung der Selbsteinschätzungsfähigkeit der Schüler bei.

Schärfung des Blicks für Heterogenität

In jeder Klasse bringen Lernende unterschiedliche Kenntnisse, Interessen und Lernstrategien mit. Das ist kein Nachteil und sollte nicht dazu verleiten, alle „auf einen Stand" bringen zu wollen. Vielmehr muss der Blick darauf gerichtet sein,
- welche besonderen Kompetenzen jemand mitbringt,
- welche nächsten Lernschritte für ihn „dran" sind,
- wie er dabei unterstützt werden kann,
- wie seine Fähigkeiten auch den Mitschülern zugute kommen können.

KID Englisch schärft zwangsläufig den Blick für die Heterogenität, da die berühmte Schere hier weit auseinander geht. Die in jeder Lerngruppe bestehende Vielfalt wird besonders sinnfällig und zwingt dazu, als Herausforderung angenommen zu werden. Sie eröffnet reizvolle Möglichkeiten zur Gestaltung differenzierender Lernsituationen und trägt so zur allgemeinen Verbesserung der Unterrichtsqualität bei. Bei Verzicht auf äußere Leistungsdifferenzierung ist es möglich, unterschiedlich leistungsstarke Schüler zu fördern, ohne auf gemeinsame Lernsituationen verzichten zu müssen. In diesem Sinne ist KID eine pädagogische Bereicherung und eine dem inklusiven Englischunterricht angemessene Organisationsform für Lerngruppen.

2.3 Vier ganz besondere Kinder

Das Bild der „vier besonderen Kinder" soll hier lediglich als stilistisches Mittel dazu dienen, auf besondere Eigenschaften und Unterstützungsbedarfe von Kindern im Englischunterricht aufmerksam zu machen, die sich im Übrigen nicht nur bei Schülern mit diagnostiziertem Förderbedarf zeigen, sondern auch bei solchen ohne. Vor allem wollen wir aufzeigen, welche Art von individueller pädagogischer Unterstützung jeweils hilfreich sein kann.

Hier sollen nun vier Schülerinnen und Schüler vorgestellt werden, denen Sie in diesem Buch wiederholt begegnen werden; die Einträge sind jeweils in einen grauen Rahmen gestellt. Neben kurzen Hinweisen zu ihren speziellen Förderbedarfen und individuellen Unterstützungsmöglichkeiten geht es darum aufzuzeigen, welche pädagogischen, methodisch-didaktischen und unterrichtsorganisatorischen Maßnahmen sich eignen, damit sie mit Gewinn am inklusiven Englischunterricht teilnehmen können.

Grundsätzlich ist festzuhalten, dass für die vier Lernenden mit den Förderschwerpunkten Sprache, Sehen, Hören und Lernen keine besonderen bzw. völlig anderen Unterrichtsmethoden erforderlich sind als für ihre Mitschüler. Im generell zieldifferenten, binnendifferenzierten und kompetenzorientierten Unterricht können sie gut in der Lerngruppe gefördert werden, wenn bestimmte Aspekte berücksichtigt werden. Die folgenden Ausführungen sollen zeigen, in welche Richtung bei der Planung und Gestaltung des Unterrichts konkret zu denken ist. Da jeder Mensch individuell ist, lassen sich diese Überlegungen jedoch nur teilweise auf andere Kinder mit vergleichbarem Förderbedarf übertragen und sind für jede Schülerin und jeden Schüler wieder neu und individuell anzustellen.

Anna: Förderschwerpunkt Lernen

Anna kann sich im Unterricht nicht lange konzentrieren. Für sie ist es wichtig, dass die Stunden in klar strukturierten Schritten ablaufen und in kurze Phasen unterteilt sind, in denen sich Arbeitsformen und Tätigkeiten abwechseln. Auf Grund ihrer nur gering ausgeprägten Fähigkeit, abstrakt zu denken,

2. Grundpfeiler des inklusiven Englischunterrichts

muss der Unterricht anschaulich und handlungsorientiert sein. Er enthält viele spielerische, musisch-künstlerische und praxisorientierte Elemente. In differenzierten Arbeitsphasen kann Anna Aufgaben auf ihrem Niveau wählen und in ihrem Tempo bearbeiten. Die Arbeit mit Lerntheken kommt ihr sehr entgegen und ermöglicht ihr ein Lernen in kleinen Schritten.

Gerne greift sie zu Freiarbeitsmaterialien, die durch das Prinzip der Isolierung der Schwierigkeit das eigenständige Lernen fördern und das Begreifen abstrakter Inhalte erleichtern. Durch die Möglichkeit der Selbstkontrolle erhält sie eine unmittelbare Rückmeldung, und selbstständig erreichte Erfolge steigern ihre Zuversicht und Lernmotivation. Wegen einer verminderten Gedächtnisleistung und der spürbaren Verlangsamung ihrer Lernprozesse ist es wichtig, dass ihr Lernpensum reduziert und die Anforderungen in zieldifferent gestalteten Lernerfolgskontrollen für sie individuell angepasst werden.

Anna benötigt vielfältige Wiederholungsmöglichkeiten, damit sie sich Gelerntes besser einprägen kann. Eine große Hilfe ist es für sie, wenn neue Inhalte mehrfach wiederholt und über verschiedene Sinneskanäle aufgenommen werden. Eine gute Unterstützung erfährt sie durch leistungsstarke Mitschülerinnen in Kleingruppenarbeit oder beim kooperativen Lernen. Ihre vorhandene Lese-Rechtschreibschwäche hat sich angesichts der neuen Laute und des ungewohnten Schriftbildes der englischen Sprache noch verschärft. Ihre ersten Texte sind nahezu unleserlich, und sie selber verzweifelt daran, dass sie Buchstaben vertauscht, verdreht oder auslässt. Anna benötigt daher mehr Zeit für das Lesen und Schreiben und geduldige, verständnisvolle Pädagogen.

Im Plenum sollte sie nur vorlesen, wenn sie das ausdrücklich wünscht. Die Lehrkraft achtet auf ein strukturiertes, übersichtliches Tafelbild in großer, sauberer Blockschrift. Schriftliche Aufgaben werden am besten am PC erstellt, weil sich Anna mit ihren starken Rechtschreibauffälligkeiten beim Entziffern von Handschrift sehr schwer tut. Auf manche Übungen wird verzichtet, um ihr unnötige Enttäuschungen zu ersparen: Wörter mit vertauschten Buchstaben etwa stellen für sie eine nahezu unlösbare Aufgabe dar.

In Vokabeltests zählt bei ihr erst einmal nur das richtige Wort, nicht die Orthographie. Alles andere würde sie nur entmutigen. Auf Wunsch darf sie Vokabeltests mündlich auf einem Diktiergerät bearbeiten, bis sie sich sicherer fühlt. Auch Diktate darf Anna auslassen. Hilfreich dagegen sind für sie Angebote, Vokabeln über Wort-Bild-Zuordnungen wie bei Flashcards zu lernen.

2. Grundpfeiler des inklusiven Englischunterrichts

In der Freiarbeit arbeitet sie gerne am PC, auf dem die Lern-Software zum Lehrwerk installiert ist. Hier kann sie in ihrem Tempo und mit hoher Übungsintensität an individuellen Aufgaben arbeiten und erhält dazu eine unmittelbare Rückmeldung über ihren Lernzuwachs sowie den weiteren Übungsbedarf. Das Lernen in kleinen Schritten verhilft ihr zu Erfolgserlebnissen, die sich positiv auf die Entwicklung ihrer Leistungsmotivation auswirken. Von besonderer Bedeutung ist für sie die Rechtschreibhilfe, die ihr das Verfassen verständlicher Texte ermöglicht.

Malte: Förderschwerpunkt Hören

Malte zeigt keine Auffälligkeiten in seiner intellektuellen Entwicklung. Er zählt zu den leistungsstarken Schülern der Klasse und wird lernzielgleich unterrichtet. Wegen seiner Hörschädigung trägt er ein Hörgerät, dessen optimale Einstellung ein speziell ausgebildeter Sonderpädagoge regelmäßig überprüft. Lehrkräfte und Schüler verwenden eine drahtlose Sendeanlage, die ihre Stimmen über Mikrofone auf Maltes Hörgerät übertragen. Um für eine möglichst schallarme Lernumgebung zu sorgen, ist der Klassenraum mit Teppichboden ausgestattet. Unnötige Geräuschquellen, wie sie etwa durch das Rücken von Stühlen und Tischen entstehen, würden Malte irritieren und seine Beeinträchtigung im Bereich Hören zusätzlich verstärken.

Eine geeignete Sitzordnung sorgt dafür, dass Malte möglichst direkten Blickkontakt zu Lehrer und Mitschülern hat, denn er muss andere beim Sprechen ansehen, ihre Mundbewegungen verfolgen und von den Lippen ablesen können. Mit Hilfe eines Drehstuhls kann er sich leichter zu Schülern außerhalb seines Blickfeldes umdrehen. Die Lehrkraft gilt als Vorbild und achtet darauf, sich ihm bei jeder Ansprache unmittelbar zuzuwenden. Die Klasse muss lernen, nicht durcheinander zu reden und Störgeräusche zu unterlassen. Es darf nur sprechen, wer ein Mikrofon benutzt, denn sonst ist Malte vom Gespräch ausgeschlossen. Das erfordert von allen Geduld und Rücksichtnahme, wird doch der Kommunikationsfluss im Unterrichtsgespräch bisweilen verlangsamt.

Es hilft Malte, wenn man in kurzen, prägnanten Sätzen spricht und dabei deutlich artikuliert. Überflüssige Worte sollten vermieden werden, das erleichtert ihm das Erfassen der wesentlichen Aussagen. Wichtige Ankündigungen und Erklärungen werden mehrfach wiederholt und auch an die Tafel geschrieben. Bei Malte ist es nicht erforderlich, aber bei anderen Schülern mit Hörbeeinträchtigung kann es sinnvoll sein, zusätzlich die Gebärdensprache einzubezie-

2. Grundpfeiler des inklusiven Englischunterrichts

hen und gezielte Übungen zum englischen Lautsystem und der englischen Lautschrift durchzuführen, die ja auch für normal hörende Schülerinnen und Schüler im englischen Anfangsunterricht eine Herausforderung darstellen.

Das fachdidaktische Prinzip der Einsprachigkeit wird im inklusiven Englischunterricht gelegentlich zu relativieren sein. Um Malte nicht auszuschließen, ist es immer wieder wichtig, sich mittels Rückfragen seines Sprachverständnisses zu vergewissern und ihm durch Mitschüler, bei Bedarf auch auf Deutsch, kleine Verständnishilfen zu gewähren. Bei Hörverstehensaufgaben erhält er dadurch einen Nachteilsausgleich, dass er Texte mehrfach anhören oder auf einem Ausdruck mitlesen darf bzw. diesen mit Unterstützung erarbeitet. Auch bieten wir Malte an, Leistungen stärker im Bereich der englischen Schriftsprache zu erbringen.

Lena: Förderschwerpunkt Sehen

Anschauungsmaterial für normal sehende Schüler ist für sehbehinderte Lernende nicht immer von Nutzen. Während etwa die Arbeit mit OHP-Folien und Tafelbildern, Flashcards und anderen visuellen Stimuli die Anschaulichkeit des Englischunterrichts eher erhöht und für viele Anreiz und Erleichterung beim Lernen darstellt, müssen wir bei Lena auf eine starke Beeinträchtigung ihrer visuellen Wahrnehmung Rücksicht nehmen. Da sie nicht völlig erblindet ist, sondern sich eine Restsehkraft bewahrt hat, kann sie im inklusiven Englischunterricht auf vielfältige Weise unterstützt werden.

Bei Arbeitsblättern ist auf klare Konturen und scharfe Kontraste zu achten. Schwarze Schrift hebt sich auf weißem Papier deutlicher ab als auf braunem. Je nach Schriftgrad ist es erforderlich, die Vorlagen um eine Stufe zu vergrößern. Dies gilt auch für Abbildungen, die nicht zu viele Details aufweisen sollten, dafür scharfe Konturen und deutliche Hell-Dunkel-Kontraste. Generell hilft es Lena, wenn man an der Tafel in großen Lettern und gut strukturiert schreibt. Dabei ist auf eine für sie nachvollziehbare Anordnung (von links nach rechts, von oben nach unten) zu achten, denn die spontane, ungeordnete Verschriftung von Beiträgen kann sie verwirren.

In freien Lernphasen arbeitet Lena an einem PC, der die individuelle Einstellung des geeigneten Schriftgrades erlaubt. Bei Überanstrengung der Augen darf sie Texte auf CD anhören, statt sie zu lesen. Eine ausreichende Beleuchtung im Klassenraum ist ebenso erforderlich wie die Verfügbarkeit benötigter Hilfsmittel, z. B. einer Leselupe. Wenn Lena trotz aller Vorkehrungen etwas nicht genau erkennen kann, sind ihre Mitschüler gefordert, ihre Wahrnehmungsdefizite durch präzise Beschreibungen und Erklärungen in der Zielsprache ausgleichen zu helfen. So erhält die Mediation einen authentischen Charakter: Die Mitschülerinnen und Mitschüler erweitern dabei ihre fremdsprachlichen Kompetenzen und die soziale Integration wird gefördert.

Auch Lena hilft der handelnde Umgang mit realen Objekten und didaktischen Materialien dabei, durch das Be-greifen von Dingen Verständnis zu entwickeln und klare Begriffe aufzubauen. Vor allem in der Freiarbeit werden ihr daher Arbeitsmittel angeboten, welche das materialunterstützte Lernen fördern.

Finn: Förderschwerpunkt Sprache

Bei Finn liegen verschiedene sozio-kulturell bedingte Entwicklungshemmnisse vor. Das markanteste Symptom ist die Tatsache, dass er sich nicht am Unterrichtsgespräch beteiligt, weder von sich aus noch auf Ansprache der Lehrkraft hin. Anders jedoch außerhalb formaler Lernsituationen: Zuhause, in der Freizeit, aber auch auf dem Schulhof und selbst in Kleingruppenarbeit ohne Anwesenheit eines Lehrers spricht Finn mit anderen und artikuliert sich normal. Die Suche nach den Gründen für diesen Selektiven Mutismus gestaltet sich schwierig und muss Fachleute und die Familie einbeziehen.

Für den inklusiven Englischunterricht stellt Finns Verhalten eine große Herausforderung dar, setzt das Fremdsprachenlernen doch in hohem Maße auf Kommunikationskompetenz als Lernziel und mündliche Kommunikation als Medium der Verständigung. Im Englischunterricht der 5. Klasse zeigt sich diese Zurückhaltung beim Sprechen aber auch bei anderen Kindern und ist durchaus nicht ungewöhnlich. Auf Grund der besonderen Anforderungen durch die englische Aussprache, aus Angst vor Fehlern und eingedenk ihres noch begrenzten Wortschatzes verhalten sich einige Lernende zunächst abwartend und schüchtern, so dass Finns besondere Situation vorübergehend nicht so sehr auffällt.

Es ist in dieser Phase wichtig, ihn und andere Schüler nicht zu bedrängen oder sie durch ständige Aufforderungen unter Druck zu setzen. Spiele und Übungen nach dem Prinzip des *Total Physical Response,* das Singen und Sprechen im Chor oder Lernangebote der *English Corner* können dazu beitragen, psychische Hemmungen abzubauen und das Selbstwertgefühl zu stärken. Lernende setzen sich auf diese Weise intensiv mit fremdsprachlichen Inhalten auseinander und machen motivierende Erfahrungen, ohne sich durch Leistungsansprüche von außen bedrängt zu fühlen.

2. Grundpfeiler des inklusiven Englischunterrichts

Lernangebote sind so zu gestalten, dass auch Schüler wie Finn mit Gewinn teilnehmen können. Dabei ist im Einzelfall eine individuelle Gewichtung der *four skills* (*speaking, listening, reading and writing*) zu Gunsten der schriftlichen Kompetenzen vorzunehmen, d. h. der Schwerpunkt sollte für Finn zunächst im schriftlichen Bereich liegen, ohne dass das Bemühen aufgegeben wird, ihn auch in seiner mündlichen Sprachkompetenz zu fördern. Zum einen kann man ihm in der Freiarbeit und beim kooperativen Lernen Gelegenheiten bieten, seine sprachlichen Kompetenzen weiterzuentwickeln. Dazu gehört auch die Möglichkeit, in der Kleingruppe zu arbeiten und sich im geschützten Raum, unbeobachtet von der Lehrkraft, fremdsprachlich zu äußern. Zudem geben wir Finn die Möglichkeit, sich als Ausgleich für Defizite in der mündlichen Sprachkompetenz stärker schriftlichen Aufgaben zuzuwenden und dort Stärken auszubauen.

Im gebundenen Englischunterricht bekommt Finn die Chance, einfache Lehrerfragen (*Yes/No questions*) durch Zeigen oder Nicken zu beantworten. Auch darf er sich einen Mitschüler auswählen, der als „Dolmetscher" fungiert und an seiner Stelle antwortet. Selbst bei Sketchen und Rollenspielen ist Finn aktiv dabei: in Rollen ohne Text, dafür mit pantomimischer Darstellung. Entscheidend ist, ihn bei allen Aktivitäten kreativ einzubeziehen und niemals auszugrenzen.

Ein Englischunterricht, der die Entwicklung kommunikativer Fähigkeiten in den Mittelpunkt rückt, stellt eine gute Voraussetzung für inklusive Lernprozesse dar, in denen Schüler mit unterschiedlichen Lerndispositionen gemeinsam und individuell gefördert werden können. Hier muss niemand ausgegrenzt und dauerhaft mit speziellen Lernprogrammen außerhalb der Klasse gesondert gefördert werden (dies sollte nur in Ausnahmen geschehen). Vielmehr lautet die Maxime für inklusiven Englischunterricht: Soviel Gemeinsamkeit wie möglich, so viel Differenzierung wie nötig! Prinzipiell nehmen alle Lernenden an der gemeinsamen Arbeit am gemeinsamen Lerngegenstand teil.

Ein solcher Unterricht ist nicht für alle lernzielgleich, im Gegenteil: Er muss generell und grundsätzlich zieldifferent gestaltet sein und allen Schülern ermöglichen, ihre individuellen Lernziele zu erreichen. Nicht jeder muss das lernen und können, was sein Nachbar weiß und kann. Das bedeutet, dass eine Stunde möglicherweise in diesem Rhythmus abläuft:
1) *Warming up*: Begrüßung, Rituale, Spiele zur gemeinsamen Einstimmung auf das Thema der Unterrichtsstunde (Kreis)
2) Einführung des neuen Themas durch die Lehrkraft (Halbkreis vor der Tafel)

2. Grundpfeiler des inklusiven Englischunterrichts

3) Individuelles Üben und niveaudifferenziertes Anwenden des neu Gelernten (Tischgruppen)
4) Vorstellung der Arbeitsergebnisse im Plenum (Kreis)

Orientierung über Art und Umfang der Differenzierung des Lernangebotes für einzelne Schüler geben die Rahmenpläne für die jeweilige Jahrgangsstufe, die vom Pädagogenteam mit den Schülern individuell getroffenen Lernvereinbarungen sowie die darauf basierenden Förderpläne, in denen individuelle Fachlernziele für die Lernenden formuliert sind. So sind bei der Unterrichtsplanung folgende Fragen zu reflektieren und möglichst für alle Schüler individuell zu beantworten:

- Was soll dieser Schüler laut Rahmenplan können?
- Was kann er tatsächlich leisten, was stellt auf Grund seiner spezifischen Lernvoraussetzungen eine Über- oder Unterforderung für ihn dar?
- Welche Kompetenzen kann er entwickeln, wo sind individuelle Lernziele zu formulieren?
- Welche Arbeitsmittel, Lernmaterialien und personellen Hilfen benötigt er zur Unterstützung?
- Wie lassen sich Regeln und Arbeitsweisen ggf. so modifizieren, dass einzelne Schüler dadurch einen Nachteilsausgleich erfahren?
- An welcher Stelle sind Umfang oder Schwierigkeitsgrad von Aufgaben für Einzelne zu reduzieren oder zu erhöhen, wo sind besondere Zugangsweisen zu ermöglichen?
- Wo ist für einzelne Schüler eine Elementarisierung der Inhalte sinnvoll (Vermittlung eines Grundwortschatzes und einfacher Satzstrukturen, Reduktion der Rechtschreibung auf richtiges Abschreiben etc.), wo eine stärkere Koppelung an lebenspraktische, nicht-sprachliche Lernziele angezeigt?
- Inwiefern lässt sich der Umgang mit Fehlern und Korrekturen so regeln, dass es für die Lerngruppe Erleichterung und Ermutigung zugleich ist?

In Bezug auf die letztgenannten Aspekte ist im inklusiven Englischunterricht, der das Bedürfnis nach Verständigung und Kommunikationsfähigkeit in den Mittelpunkt stellt, eine gewisse Fehlertoleranz bei der Aussprache, Grammatik, Satzbau etc. von zentraler Bedeutung. Das heißt, dass formalsprachliche Aspekte kein Selbstzweck sind, sondern eine Hilfsfunktion und damit untergeordnete Bedeutung haben. Einzelnen Schülern ist es erlaubt, sich zur Not auch in der

2. Grundpfeiler des inklusiven Englischunterrichts

Muttersprache mitzuteilen, denn zum Austausch und zur Verständigung über gemeinsame Themen sind alle Schülerbeiträge willkommen.

Das Prinzip der Einsprachigkeit und das Gebot der Sprachrichtigkeit dürfen das Kommunikationsbedürfnis der Schüler nicht so hemmen, dass sie „mundtot" gemacht werden und sich nicht mehr zu äußern trauen. Oft lässt sich das so lösen, dass man die Klasse bittet, deutsche Beiträge von Mitschülern ins Englische zu dolmetschen bzw. zur Unterstützung lernschwacher Schüler Arbeitsaufträge oder anspruchsvolle englische Texte auf Deutsch zusammenzufassen. Dies erleichtert ihnen die aktive Mitarbeit und sorgt dafür, dass sie nicht ausgeschlossen werden.

Je nach Art und Grad einer Behinderung wird der Schwerpunkt für einzelne Schüler gar nicht so sehr auf fachlichen Lernzielen liegen. Ist z. B. absehbar, dass jemand auf Grund einer geistigen Behinderung voraussichtlich später die englische Sprache nicht als Kommunikationsmittel nutzen wird, sollte seine Freude an (Rollen-)Spielen oder musisch-künstlerischen Aktivitäten im Englischunterricht im Vordergrund stehen. Die Teilnahme an gemeinsamen Aktivitäten ist wichtig für das Selbstbild und die soziale Integration in der Klasse. Auf eine Belastung mit weniger lustbetonten Grammatikaufgaben oder Wortschatzübungen sollte verzichtet werden, es sei denn, der Schüler besteht darauf.

Auch Schüler mit erheblichen Leistungsminderungen im kognitiven Bereich haben also ein Anrecht darauf, im inklusiven Englischunterricht zumindest eine minimale fachliche und mündliche Sprachkompetenz zu erwerben. Wir haben die Erfahrung gemacht, dass viele Schüler mit dem Förderschwerpunkt geistige Entwicklung mit großer Freude und Gewinn am gemeinsamen Englischunterricht teilnehmen. Wenn beim gemeinsamen Lernen am gemeinsamen Gegenstand eine Verknüpfung von konkret-anschaulichen, musisch-künstlerischen und mitunter auch lebenspraktischen Aktivitäten, die ihren Lernvoraussetzungen und Interessen entgegen kommen, gewährleistet ist, können an sie angemessene Leistungserwartungen gestellt werden.

Eine speziell sonderpädagogische Einzelförderung ist bei manchen Trägern einer Behinderung durchgängig, bei anderen eher punktuell notwendig. Beispielsweise benötigen viele Schülerinnen und Schüler mit den Förderschwerpunkten Lernen oder emotional-soziale Entwicklung ausreichende Unterstützung, persönliche Zuwendung und ein individuelles Eingehen im Unterricht. Diese kann im Zwei-Pädagogen-System geleistet werden, wenn durchgängig zwei ausgebildete Fachkräfte anwesend sind, die entweder sonderpädagogische

2. Grundpfeiler des inklusiven Englischunterrichts

Kompetenzen mitbringen oder Anspruch auf Beratung und Unterstützung durch Sonderpädagogen haben. Es muss aber nicht zwingend immer ein Sonderpädagoge anwesend sein.

Einige Lernende mit Beeinträchtigungen beim Sehen oder Hören (siehe oben) können gut unterstützt werden, indem auf ihre besonderen Bedürfnisse durch den Einsatz technischer Hilfen und/oder eine spezifische Unterrichtsgestaltung Rücksicht genommen und ihre Wahrnehmungsfähigkeit durch gezieltes Training pädagogisch gefördert wird. Bei Schülern mit dem Förderschwerpunkt Lernen ist es oft so, dass sie mittels gestufter Lernhilfen, zusätzlicher Anschauungsmaterialien oder mehr Übungszeit erfolgreich am gemeinsamen Unterricht teilnehmen können.

Sonderpädagogische Kompetenz ist auf jeden Fall immer dann gefordert, wenn Kinder mit geistiger Behinderung am inklusiven Englischunterricht teilnehmen. Im Unterricht selbst ist meist eine enge 1:1-Betreuung notwendig, um ihnen auch bei noch so ziel-, inhalts- und methodendifferentem Arrangement der Lernsituationen kleine Lernschritte und Erfolge zu ermöglichen. Dabei ist stets darauf zu achten, den Wunsch dieser Schüler nach Unabhängigkeit zu unterstützen und sie so oft es geht aus der engen Betreuung in die Kooperation mit ihren Mitschülern zu entlassen, damit sie wie alle anderen arbeiten können.

Sonderpädagogisch ausgebildete Pädagogen sind natürlich auch dann unentbehrlich, wenn es um die Durchführung von Therapien und die gezielte Förderung von Teilleistungen geht, wenn neben dem gemeinsamen Unterricht für kleine Gruppen ein Unterricht in behinderungsspezifischen Inhalten angeboten wird (z. B. Braille-Schrift, Gebärdensprache), wenn es darum geht, Leistungsminderungen mit technischen Hilfen auszugleichen, die Spezialwissen erfordern (z. B. Hörgeräte) etc.

> In diesem Buch tauchen immer wieder spezielle Hinweise zu den vier „besonderen" Kindern auf; sie sind zur schnellen Orientierung in einen Rahmen gesetzt.

2.4 Die *English Corner* – der „dritte Pädagoge"

Für den inklusiven Englischunterricht ist die Gestaltung des Klassenraums im Sinne einer pädagogisch vorbereiteten Lernumgebung von Bedeutung. Dazu wird die Klasse in verschiedene Funktions- und Lernbereiche unterteilt, so dass

2. Grundpfeiler des inklusiven Englischunterrichts

auch das Fach Englisch über einen eigenen, klar abgegrenzten Arbeitsbereich (*English Corner*) verfügt. Dort finden sich offene Regale mit einer kleinen englischen Klassenbibliothek sowie verschiedenen Nachschlagewerken wie Lexika, Wörterbücher etc. Auch wird hier eine möglichst reichhaltige Ausstattung mit Übungsaufgaben, Spielen und Lernmaterialien für die Freiarbeit vorgehalten.

Damit Schüler sich orientieren und selbstständig arbeiten können, sind die Regale gut strukturiert und übersichtlich geordnet. Hilfreich sind eine klare Anordnung nach Lernbereichen (Wortschatz, freies Schreiben, Hörübungen, Grammatik etc.) sowie die eindeutige Kennzeichnung des Schwierigkeitsgrades der Aufgaben und Arbeitsmittel. Auch die genaue Beschriftung der Regale ist sinnvoll und dient der Orientierung. Einzelne Schüler – z.B. Kinder mit dem Förderschwerpunkt geistige Entwicklung – erhalten ggf. einen eigenen, mit ihrem Namensschild gekennzeichneten Bereich in diesem Regal für sich und ihre persönlichen Lernmaterialien.

Zur Gestaltung der *English Corner* bieten sich an:

Klassenstundenplan und Kalender

Der Stundenplan in englischer Sprache kann die Klasse über längere Zeit begleiten. Wie der englische Kalender lässt er sich gut in ritualisierte Stundenanfänge integrieren, bei dem lernschwache Schüler besonders eingebunden werden.

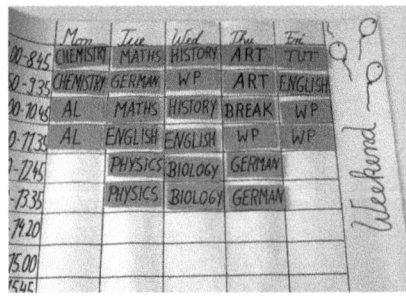

Weather Chart

Auf dem *Weather Chart* wird täglich das aktuelle Wetter angezeigt. Je nach Leistungsstand kann es durch den zuständigen Schüler nur eingestellt oder auch mündlich erläutert werden.

2. Grundpfeiler des inklusiven Englischunterrichts

Landeskundliche Poster, Landkarten und Stadtpläne
Farbige Landkarten (z. B. *Great Britain, Australia*), Stadtpläne (z. B. New York, London) und Poster mit Sehenswürdigkeiten veranschaulichen das aktuelle Thema und werden in das Unterrichtsgespräch einbezogen.

Union Jack und Star Spangled Banner
Die Flaggen stehen symbolisch für die *English Corner* und zeigen an, mit welchem Thema sich die Klasse gerade beschäftigt. Sie können gut in ritualisierte Stundenanfänge eingebunden werden.

Welcome to English!
Auf ein *Welcome to English*-Plakat kleben die Schüler englische Begriffe aus Werbung, Sport oder Popmusik, die sie aus Illustrierten ausgeschnitten und der Klasse vorgestellt haben. Anzahl und Komplexität der mitgebrachten Wörter und Ausdrücke variieren je nach individuellem Leistungsstand.

Classroom things
In der ganzen Klasse werden Schilder aus farbigem Karton aufgehängt, auf denen *classroom things* wie *door, bookshelf, window, pinboard* etc. bezeichnet werden. Durch die optische Präsenz dieser englischen Begriffe prägt sich ihr Schriftbild leichter ein und die Wörter werden „nebenbei" gelernt.

2. Grundpfeiler des inklusiven Englischunterrichts

Classroom phrases
Ein Poster mit geläufigen Redemitteln (*Can I go to the toilet please? Sorry, I forgot my textbook!*) stellt eine gute Merkhilfe dar und ermöglicht auch schwächeren Schülern die aktive Beteiligung am Unterricht.

Arbeitsprodukte aus dem Englischunterricht
Natürlich werden auch die Arbeitsprodukte der Schüler ausgestellt, denn sie können eine wichtige Inspirationsquelle sein und als Vorbild dienen. Dabei ergibt sich die Möglichkeit, Leistungen gerade auch schwächerer Schüler gezielt herauszustellen. Vielleicht hat Mark zwar keinen fehlerfreien Text abgeliefert, dafür aber besonders liebevoll gezeichnet? Und Svenja hat nur ein paar Zeilen getextet, dafür zum ersten Mal in verständlichem Englisch?

Lese- und Computerecke
Im Klassenraum sollten auch eine Lese- und eine Computerecke vorhanden sein, die im Englischunterricht genutzt werden können. Die Leseecke wird mit einer alten Couch oder Sesseln und einem Teppich ausgestattet sowie durch Regale optisch abgetrennt. Hierhin können sich Schüler zurückziehen, deren Aufmerksamkeitsspanne nicht ausreicht, um einer ganzen Stunde aktiv zu folgen. Sie können zur Ruhe kommen und zugleich mit einem englischen Buch oder einer Zeitschrift am Thema bleiben. Die Leseecke ist so gestaltet, dass sie sich auch für Partnerarbeit mit kommunikativen Aufgaben eignet. Ein PC-Arbeitsplatz bietet manchen Schülern die Möglichkeit, kurzfristig aus dem Strom der gemeinsamen Lernprozesse abzutauchen und an individuellen Aufgaben und Lernprogrammen zu arbeiten.

Sitzkreis
Fester Bestandteil des inklusiven Englischunterrichts sind Bewegungsspiele und Übungen im Sitzkreis. Achten Sie darauf, dass mit ein paar eingeübten Handgriffen gemeinsam das Klassenmobiliar entsprechend umgestellt werden kann. Für das Kreisgespräch reichen wenige Quadratmeter, wenn man statt der Stühle kleine Sitzkissen verwendet, die sich Platz sparend verstauen lassen, und diese um einen runden Teppich (Durchmesser ca. 1,5 m) auslegt.

2.5 Das Lehrwerk – der „vierte Pädagoge"

Auch im inklusiven Englischunterricht bietet das Lehrwerk eine hilfreiche Grundlage. Bei Auswahl und Einsatz eines geeigneten Englischlehrwerkes ist darauf zu achten, ...

- ob es durch ein breites Angebot vielfältiger Lern- und Übungsangebote auf unterschiedlichem Anspruchsniveau gute Differenzierungsmöglichkeiten für den gemeinsamen Unterricht bietet.
- ob es auch im Bereich der Zusatzmaterialien wie Kopiervorlagen, Vorschlägen zur Leistungsmessung, DVDs mit landeskundlichem Filmmaterial etc. den vielfältigen Lernvoraussetzungen und Interessen der Schüler entgegenkommt. Geeignete Software für die Arbeit an PC und Whiteboard ermöglicht auch Schülern mit körperlichen Beeinträchtigungen, sich aktiv am Unterricht zu beteiligen und sich nach ihren Möglichkeiten einzubringen. Durch geschlossene Übungsangebote auf individuellem Niveau können einige Lernende ebenso gefördert werden wie andere durch interaktive Formate mit kommunikativen und kreativen Gestaltungsmöglichkeiten.
- ob es eine Planungshilfe ist, Entlastung sowie hilfreiche Anregungen zur Gestaltung differenzierter Lernangebote bietet.
- ob es einen Band für den differenzierten Unterricht in Klassen mit heterogener Schülerschaft bietet oder ob zwei Bände parallel eingesetzt werden müssen (z. B. ein G-Band für grundlegende, ein E-Band für erweiterte Anforderungen).
- dass Lehrwerk und Lehrplan nicht deckungsgleich sind. Englischbücher sind nicht dazu gedacht, im Laufe eines Schuljahres vollständig von vorne nach hinten durchgearbeitet zu werden. Vielmehr stellen sie einen „Steinbruch" an Arbeitsvorschlägen dar, aus dem Lehrkräfte und Lernende gemeinsam Themen und Inhalte auswählen und individuelle Schwerpunkte setzen sollten, ohne die sprachliche Progression aus den Augen zu verlieren.
- inwiefern auch Menschen mit Handicaps und ihre Lebenswelt darin vorkommen und behinderungsspezifische wie inklusionsrelevante Inhalte thematisiert werden, was sehr wünschenswert wäre.

2.6 Didaktische Prinzipien des inklusiven Englischunterrichts

Abschließend geht es hier um die Frage, nach welchen didaktischen Grundsätzen der inklusive Englischunterricht gestaltet werden muss, damit alle Kinder mit Freude und Erfolg lernen können. Zur Einführung betrachten wir ein Zitat des französischen Reformpädagogen Célestin Freinet mit dem Titel „Adler steigen keine Treppen – vom methodischen Treppensteigen":

> „Der Pädagoge hatte seine Methoden aufs genaueste ausgearbeitet; er hatte – so sagte er – ganz wissenschaftlich die Treppe gebaut, die zu den verschiedenen Etagen des Wissens führt; mit vielen Versuchen hatte er die Höhe der Stufen ermittelt, um sie der normalen Leistungsfähigkeit kindlicher Beine anzupassen; da und dort hatte er einen Treppenabsatz zum Atemholen eingebaut und an einem bequemen Geländer konnten sich die Anfänger festhalten. Und wie er fluchte, dieser Pädagoge! Nicht etwa auf die Treppe, die ja offensichtlich mit Klugheit ersonnen und erbaut worden war, sondern auf die Kinder, die kein Gefühl für seine Fürsorge zu haben schienen.

> Er fluchte aus folgendem Grund: Solange er dabei stand, um die methodische Nutzung dieser Treppe zu beobachten, wie Stufe um Stufe emporgeschritten wurde, an den Absätzen ausgeruht und sich an dem Geländer fest-

2. Grundpfeiler des inklusiven Englischunterrichts

gehalten wurde, da lief alles ganz normal ab. Aber kaum war er für einen Augenblick nicht da: Sofort herrschten Chaos und Katastrophe! Nur diejenigen, die von der Schule schon genügend autoritär geprägt waren, stiegen methodisch Stufe für Stufe, sich am Geländer festhaltend, auf dem Absatz verschnaufend, weiter die Treppe hoch. (...)

Die Kinderhorde besann sich auf ihre Instinkte und fand ihre Bedürfnisse wieder: Eines bezwang die Treppe genial auf allen Vieren; ein anderes nahm mit Schwung zwei Stufen auf einmal und ließ die Absätze aus; es gab sogar welche, die versuchten, rückwärts die Treppe hinaufzusteigen und die es darin wirklich zu einer gewissen Meisterschaft brachten. Die meisten aber fanden, (...) dass die Treppe ihnen zu wenig Abenteuer und Reize bot. Sie rasten um das Haus, kletterten die Regenrinne hoch, stiegen über die Balustraden und erreichten das Dach in einer Rekordzeit, besser und schneller als über die sogenannte methodische Treppe; einmal oben angelangt, rutschten sie das Treppengeländer runter, (...) um den abenteuerlichen Aufstieg noch einmal zu wagen."

(zit. nach: INGRID DIETRICH [Hg.]: Handbuch Freinet-Pädagogik, Weinheim/Basel 1995, 7 f.)

Der Autor dieser Geschichte fragt am Ende kritisch, ob nicht die Wissenschaft von der Treppe falsch sein könnte und ob es nicht eine Pädagogik für Adler gäbe, die keine Treppe steigen, um nach oben zu kommen? Er lehnt einen Unterricht ab, in dem der Lehrer die Schüler nach seinen Plänen im Gleichschritt von A nach B führen will, statt sich an den individuellen Lernwegen der Kinder zu orientieren. Der Lehrer plant Lernschritte, die möglichst schnell, sicher, reibungslos, aber eben im Gleichtakt zum Erfolg führen sollen. Alle Schüler sollen zur gleichen Zeit das Gleiche lernen. Freinet aber beobachtet, dass dieser Plan nicht aufgeht, da Kinder sehr unterschiedlich und auf kaum antizipierbare oder direkt zu beeinflussende Weise lernen.

In Bezug auf die Gestaltung des inklusiven Englischunterrichts lassen sich in diesem Zusammenhang einige Konsequenzen und zentrale Grundsätze formulieren:

- **Kinder wollen lernen und etwas leisten:** Kinder sind von Natur aus neugierig und wollen die Welt erkunden, sie verstehen und etwas leisten. Sie lernen besonders intensiv, wenn Themen einen unmittelbaren Bezug zu ihrem Leben haben, sie wirklich interessieren, Fragwürdiges beinhalten und neugierig ma-

2. Grundpfeiler des inklusiven Englischunterrichts

chen. Die Lebenswelt der Schüler ist heute angefüllt mit Bildern und Begriffen aus dem angloamerikanischen Sprachraum. Die Sprache in Werbung, Sport, Popmusik oder Medien ist voller Anglizismen. Daher sind Lernende meist für die englische Sprache und Themen des Englischunterrichts aufgeschlossen. Das gilt grundsätzlich für alle Kinder. Im inklusiven Englischunterricht kommt es daher darauf an, eine **Lebensweltorientierung** der Themen in Bezug auf die Vielfalt der Lernbedürfnisse, Interessen und Lernvoraussetzungen der Kinder sicherzustellen.

- **Kinder lernen individuell:** Da Lernen ein sehr individueller Vorgang ist, müssen nicht immer alle gleichzeitig das Gleiche tun. Indem der Unterricht Raum für zieldifferentes Arbeiten gibt, kann das gemeinsame Lernen verschieden begabter Kinder in einer Klasse gelingen. Der Grundsatz der **Binnendifferenzierung** bzw. **Individualisierung** bezieht sich auf Themen und Inhalte des Unterrichts (Differenzierung nach Interessen), auf das Lerntempo (Differenzierung nach Lerngeschwindigkeit), auf die Lernwege (Differenzierung nach Lerntypen), auf das Anspruchsniveau (Differenzierung nach Schwierigkeitsgrad, Komplexität) und auf Menge und Umfang der bearbeiteten Aufgaben (Differenzierung nach Quantität).

- **Kinder lernen mit allen Sinnen:** Lernen ist immer praktisch; Kopf, Herz und Hand wollen gleichermaßen angesprochen werden. Kinder lernen am nachhaltigsten, wenn viele Sinne beteiligt sind, denn: Nichts ist im Verstand, was nicht vorher in den Sinnen war! Inklusiver Englischunterricht muss sich daher durch **Anschaulichkeit** und **Ganzheitlichkeit** auszeichnen. Dieses Prinzip kommt allen Schülerinnen und Schülern zugute. Für viele ist die sinnliche Grundlage des Lernens unverzichtbar, für alle ist sie ein sehr motivierender Faktor.

- **Kinder lernen selbsttätig:** Die Vorstellung, dass ein Lehrer seinen Schülern Wissen eintrichtert, ist überholt. Lernen gilt als individueller Konstruktionsprozess, der nicht von außen erzwungen, wohl aber unterstützt und gefördert werden kann. Begriffe müssen durch konkrete Operationen aufgebaut werden und bekanntlich bleibt das gut im Gedächtnis haften, was man sich durch eigenes Handeln erarbeitet hat. Daher ist die **Handlungsorientierung** ein fundamentales Prinzip des inklusiven Englischunterrichts. Jeder muss die Möglichkeit haben, sich Themen und Inhalte selbsttätig erschließen zu können, über das Greifen zum Be-greifen zu gelangen.

2. Grundpfeiler des inklusiven Englischunterrichts

- **Kinder lernen in Gemeinschaft:** Da es im inklusiven Englischunterricht um die Förderung der kommunikativen Kompetenz geht, werden hier vielfältige Gesprächsanlässe geschaffen, bei denen die Schüler in Gemeinschaft lernen. Das **kooperative Lernen** bietet z. B. die Chance, miteinander im „geschützten" Raum zu kommunizieren. Nicht wenige Schüler lesen und sprechen lieber im kleinen Kreis als vor der ganzen Klasse und können dort sprachliche Fähigkeiten ausbilden und Selbstbewusstsein entwickeln. Die Heterogenität der Gruppe lässt sich für wichtige Lern- und Hilfeprozesse (*peer tutoring*) nutzen. Dabei ist es wichtig, auch zurückhaltende Schüler zu motivieren und so zu unterstützen, dass auch sie anderen helfen können. Sie sollen erkennen, dass jeder Mensch über individuelle Stärken und Kompetenzen verfügt, von denen andere profitieren können.
- **Kinder lieben den Erfolg:** Angst ist beim Lernen ein schlechter Berater. Kinder müssen sich angenommen fühlen, Selbstwirksamkeit erfahren und spüren, dass auch sie etwas aus eigener Kraft erreichen können. Im Unterricht sollten Überforderung und Frustration ebenso wenig auftreten wie Unterforderung und Langeweile. Es gilt, dosierte Herausforderungen zu schaffen, die von den Schülern individuell bewältigt werden und zu persönlichen Erfolgserlebnissen führen können. Das Prinzip der **kleinen Schritte** kann zur Steigerung ihrer Lernmotivation beitragen, denn wer Aufgaben aus eigener Kraft bewältigt, stärkt Selbstvertrauen, Lernfreude und Erfolgszuversicht. Lernprozesse im inklusiven Englischunterricht sollten in entspannter Atmosphäre verlaufen und mit positiven Emotionen besetzt sein. Kurzum: Inklusiver Englischunterricht muss Freude machen!

3. Bausteine des inklusiven Englischunterrichts

3.1 Rituale

Wiederkehrende Rituale helfen dabei, Lernende auf den Englischunterricht einzustimmen und den Übergang von einer Unterrichtsphase zur nächsten zu gestalten. Sie geben Orientierung und Sicherheit im Stundenablauf und ermutigen alle Schüler, sich nach ihren Möglichkeiten zu beteiligen.

Boss of the flag oder Mr./Mrs. Union Jack

Ein Schüler hisst zum Unterrichtsbeginn eine britische Flagge, indem er sie mit Magneten an der Tafel befestigt oder auf dem runden Teppich auslegt, um den wir im Englischunterricht gerne einen Sitzkreis herstellen. Verbunden mit den Worten *Let's switch over to English now* ist dies das eindeutige Signal, sich nun auf eine andere Sprache und andere Themen einzustellen. *Boss of the flag* ist eine herausgehobene Aufgabe, bei der sich sonst eher ruhige Schüler gut einbringen können.

In den ersten Wochen des 5. Schuljahrs hat **Finn** mit großem Ernst und stets zuverlässig die Aufgabe übernommen, zu Beginn des Englischunterrichts den Union Jack zu hissen. Die Ansage macht ein Klassenkamerad, mit dem er sich abgesprochen hat.

Smiley

Im Sitzkreis werden keine Tische benötigt. Sich nicht hinter dem Pult verstecken zu können und keine Federtasche zum Spielen in der Hand zu haben, fällt einigen schwer, fördert aber das Sich-Einlassen auf die Gruppe und das Thema. Nach dem Hissen der Flagge teilen sich die Schüler gegenseitig mit, wie es ihnen geht. Dazu reichen sie einen Smiley mit zwei Gesichtern herum: auf der Vorderseite fröhlich, auf der Rückseite traurig. Ein Schüler zeigt seinem Nachbarn das Gesicht, das seiner eigenen Befindlichkeit entspricht, und sagt dazu: *Good morning, Finn. I'm fine today. And how are you?* Damit reicht er den Smiley weiter. Mutige Schüler geben schon ausführlicher Auskunft: *I'm fine today but also a little tired this morning.*

3. Bausteine des inklusiven Englischunterrichts

Wer sich noch nicht traut, teilt sich nur symbolisch mit und reicht den Smiley mit dem entsprechenden Gesichtsausdruck weiter. So sind auch Schüler wie **Finn** in diese Unterrichtsphase eingebunden.

Walk and Talk

Ein beliebtes Begrüßungsritual ist das Herumgehen und „Abklatschen" der Mitschüler. Dabei gilt die Vorgabe: *Walk around, say hello to each other and ask your classmates how they are today.* Ältere Schüler bewegen sich durch den Raum und folgen diesem Auftrag: *Talk to three boys and three girls.* Das Thema kann vom Lehrer festgelegt werden, z. B. *What did you do at the weekend?* Oder: *Do you watch German Superstars? Why? Why not?*

Stop and Swap

Dieses Ritual kann schon mit jüngeren Schülern praktiziert werden, die dabei über vorbereitete Fragekärtchen (*Do you have a pet? How old are you? Do you like chips?*) ins Gespräch kommen. Die Komplexität der Fragen kann individuell festgelegt werden. Die Klasse bewegt sich zur Musik durch den Raum. Stoppt die Musik, wendet man sich einem Mitschüler zu, stellt sich gegenseitig Fragen und antwortet wahrheitsgemäß. Dann tauscht man die Fragekarten aus und geht weiter, bis man auf einen neuen Gesprächspartner stößt. Ältere Schüler bekommen ein Thema mit der Auflage ein kurzes Gespräch zu führen, bei dem mindestens fünf frei formulierte Fragen und Antworten ausgetauscht werden, bevor man sich einem neuen Gesprächspartner zuwendet.

Malte kann seinen Partnern im Face-to-face-Kontakt gut von den Lippen ablesen und benötigt in dieser Phase seine Mikrofon-Anlage nicht. Die Mitschüler bemühen sich um deutliche Artikulation, so dass die Kommunikation zwischen beiden gelingt.

Three Minutes' Talk

Diese Übung stimmt Schüler ab Klasse 7 auf den Englischunterricht ein. Dazu wird ein Thema an die Tafel geschrieben, zu dem jede/r etwas beitragen kann (*What did you do at the weekend? Did you enjoy your holidays? Which new films would you recommend?*). Die Schüler haben drei Minuten Zeit, sich mit ihrem Nachbarn zum Thema auszutauschen. Bei älteren Schülern kann der Zeitrahmen ausgeweitet werden.

Date and weather

Nach dem *Warming-up* bieten das Datum und der aktuelle Wetterbericht ruhigeren Schülern ein Forum, um sich mit einem eigenen Unterrichtsbeitrag einzubringen. Je nach Lernvoraussetzungen wird der englische Kalender von einem Schüler eingestellt und das Datum, ggf. mit Unterstützung, auf Englisch benannt. Einige Lehrmittelverlage bieten schöne Kalender an, auf denen Datum und Wetterlage angezeigt werden. Mit ein wenig Bastelarbeit können Sie auch selbst einen Kalender gestalten. Ebenso einfach können Sie Wetteranzeigen herstellen, die für windiges, sonniges, kaltes... Wetter eine kleine Zeichnung und den englischen Begriff zeigen.

Stundenablauf

Spätestens jetzt sollten die Schüler erfahren, was sie heute im Englischunterricht erwartet, was sie lernen können und wie die Stunde ablaufen wird. Dazu bietet sich die Arbeit mit Symbolkarten zum Visualisieren von Einzel-, Partner- oder Gruppenarbeit etc. an, die Schülern dabei helfen, Strukturen zu durchschauen und Abläufe zu verstehen. Diese Karten bleiben während der Stunde an der Tafel sichtbar und sorgen so für Transparenz.

3.2 *Chants* (Sprechgesänge)

Besonders jüngeren Schülern machen Sprechgesänge (*chants*) große Freude. Auf spielerische Weise werden sprachliche Strukturen eingeübt und vertieft, wobei sich viele Kinder durch das Chorsprechen sicherer fühlen. Das hilft **Anna** dabei, sich unbeschwert an sprachlichen Aktivitäten zu beteiligen und ohne Furcht vor negativen Konsequenzen Englisch zu sprechen.

3. Bausteine des inklusiven Englischunterrichts

Jukebox

Viele Schüler bringen aus dem Grundschulenglisch einen reichen Schatz an *Songs* und *Chants* mit. In der weiterführenden Schule ist es wichtig, an diese Kenntnisse und Vorlieben anzuknüpfen, damit die Kinder eine Kontinuität spüren und erleben: Was ich in meiner letzten Schule gelernt habe, zählt auch hier! Wir haben dazu in unserer Klasse ein Poster mit dem Bild einer Jukebox aufgehängt. Die Geburtstagskinder dürfen am Morgen ihres großen Tages einen Knopf dieser fiktiven Jukebox drücken und sich von den Mitschülern einen *Song* oder *Chant* wünschen.

Five little monkeys

Dieser Sprechgesang erfreut sich großer Beliebtheit, da lustige Bewegungsabläufe im Vordergrund stehen und der fantasievollen Ausgestaltung des Vorgetragenen keine Grenzen gesetzt sind. Hier zunächst der Text:

Five little monkeys jumping on the bed,
one fell off and bumped his head,
mother called the doctor and the doctor said,
"No more jumping on the bed!"
Four little monkeys ...

Und so wird er in Handlung umgesetzt:

Five (5 Finger zeigen)
little (mit Daumen und Zeigefinger zeigen)
monkeys (unter dem Armen kraulen)
jumping on the bed, (auf der Stelle hüpfen)
one (einen Daumen zeigen)
fell off (mit Daumen nach hinten zeigen)
and bumped his head (sich mit Hand an die Stirn schlagen),
mother called the doctor and the doctor said, (mit kleinem Finger und Daumen Telefon andeuten)
„No more jumping on the bed!" (mit dem Zeigefinger drohen, schimpfen ...)

Der Countdown wird mit jedem neuen Durchgang weitergezählt. Bei Bedarf kann auch bei 10 *Monkeys* begonnen werden.

3. Bausteine des inklusiven Englischunterrichts

Who stole the cookies?

Dieser *Chant* ist anspruchsvoll, denn er wird vom rhythmischen Klatschen der Schüler auf den Oberschenkeln und in die Hände begleitet. Er ist in verschiedenen Textfassungen bekannt, die gemeinsam im Chor intoniert werden. Jüngeren Kindern hilft er, sich die Namen der neuen Mitschüler besser einzuprägen.

(alle) *Who stole the cookies from the cookie jar?*
(alle) *Dennis stole the cookies from the cookie jar.*
(Dennis) *Who, me?*
(alle) *Yes, you!*
(Dennis) *Can't be!*
(alle) *Then who?*
(Dennis) *Mira stole the cookies from the cookie jar.*
(alle) *Mira stole the cookies from the cookie jar.*
(Mira) *Who, me?*
(alle) *Yes, you!*
etc.

3.3 Songs

Schüler bringen nicht immer Begeisterung für das Singen mit. Wenn sich aber englische Liedertexte in (lustige) Handlungen übersetzen lassen, sieht das schon anders aus. Durch die Verbindung von Gesang und Handlung erfolgt eine spielerische Vertiefung bekannter Wortfelder und Strukturen und Schülern wird die Chance geboten, sich fremdsprachlich zu artikulieren, ohne im Vordergrund zu stehen. Das Singen schafft auch im inklusiven Englischunterricht höherer Klassen eine positive Lernatmosphäre, wenn es frühzeitig eingeführt und kontinuierlich gepflegt wird.

Wir laden Fünftklässler dazu ein, etwas aus dem Grundschulenglisch „mitzubringen", wovon sie regen Gebrauch machen. Sie sollen erkennen, dass es eine Verbindung gibt zwischen ihrer alten und der neuen Schule. Das, was sie gelernt haben und schon können, wird auch in der neuen Klasse wertgeschätzt. So stellen sie reihum ihre Lieblingsspiele, -lieder, *-chants*, -gedichte, -zungenbrecher etc. vor und leiten die Klasse zum Mittun an. Unter den beliebtesten *Songs* befinden sich dabei auch die nachfolgend vorgestellten.

3. Bausteine des inklusiven Englischunterrichts

Ten green bottles

Bei diesem *Song* wird auf Englisch rückwärts gezählt. Die zehn grünen Flaschen werden durch zehn nebeneinander stehende Kinder repräsentiert. Die Klasse stimmt gemeinsam das Lied an:

Ten green bottles standing on the wall,
ten green bottles standing on the wall,
but if one green bottle should accidentally fall,
there'll be nine green bottles standing on the wall.

Nine green bottles standing on the wall,
nine green bottles...

Mit jeder Strophe, in der eine Flasche von der Mauer fällt, sinkt ein Schüler mit großen Gesten zu Boden, bis zum Schluss alle zehn Kinder liegen.

Bingo

Besonders jüngeren Kindern gefällt es, wenn ihr Name in einem Lied vorkommt. Das Lied Bingo hilft auch dabei, die Namen der neuen Mitschüler zu lernen. Überdies wird beim Singen die Kompetenz gefördert, auf Englisch zu buchstabieren.

There was a farmer had a dog and Bingo was his name-o,
B-I-N-G-O, B-I-N-G-O, B-I-N-G-O,
and Bingo was his name-o.

Beginnend mit B wird Buchstabe für Buchstabe durch lautes Klatschen in die Hände ersetzt, bis schließlich statt B-I-N-G-O fünf Mal geklatscht wird. Nachdem das Prinzip verstanden ist, werden im nächsten Durchgang Strophen über Mitschüler gesungen, deren Namen aus fünf Buchstaben bestehen (Malte, Dennis, Sonja, Maria etc.). Bei Bedarf lässt sich das so steuern, dass auch die Namen der Kinder gesungen werden, die in der Klasse selten oder gar nicht im Mittelpunkt stehen.

3.4 Total Physical Response

Im inklusiven Englischunterricht haben sich Aktivitäten, Spiele und Übungen bewährt, die sich an den Grundprinzipien des *Total Physical Response* nach James Asher orientieren. Bei diesem bereits in den 1960er-Jahren entwickelten Konzept spielt die **Verbindung von Sprache und Bewegung** eine zentrale Rolle, weil man davon ausgeht, dass Kinder auf Grund der Verknüpfung kognitiver Prozesse und motorischer Aktivität in stressfreien Lernsituationen nachhaltiger lernen.

Nach Asher verstehen Kleinkinder schon komplexe Äußerungen anderer, bevor sie selber sprechen können, da sich ihr Hörverständnis vor der Sprachfertigkeit ausbildet. So beweist ein Kind sein Verständnis der Frage „Wo ist der Ball?" z. B. dadurch, dass es auf den genannten Gegenstand zeigt. Durch physische Handlung (= *Total Physical Response*) antwortet es auf Fragen und Aufforderungen. Erst später entwickelt sich die Sprechfähigkeit, und zwar meist recht mühelos und zu individuell unterschiedlichen Zeitpunkten. Die auch im Zweitspracherwerb oft beobachtete lange Schweigephase (*silent period*) gilt daher als aktive Verarbeitungsphase, in der sich Kinder über die aufgenommenen Daten Elemente der neuen Sprache erschließen und die Sprachproduktion unbewusst vorbereiten.

Hieraus gewinnt Asher Anregungen für die Anfänge des Fremdsprachenunterrichts, der sich an dieser Vorgängigkeit des Sprachverstehens vor der Sprachproduktion orientieren soll. Er legt den Akzent zunächst auf das Sprachverstehen und motorische Aktivität, was gerade sprachlich zurückhaltenden, aber bewegungsfreudigen Kindern entgegenkommt. Eine zentrale Bedeutung haben dabei Bewegungsspiele rund um das Verb im Imperativ (*Go to the door! Open the window!*), aber auch das Betrachten von Büchern und das Anhören von Texten in der Zielsprache.

So sollte den Schülern im inklusiven Englischunterricht eine Klassenbibliothek mit englischen Kinderbüchern und Hörtexten (Cassetten, CDs) angeboten werden, so dass sie Texte lesen und zugleich über Kopfhörer hören können. In Anlehnung an die Lektüre werden Spiele, Arbeitsblätter und ergänzende Übungen angeboten, in denen eingeführte Strukturen aufgegriffen werden. Durch fortgesetztes Hören und Lesen der Fremdsprache und lustbetontes Handeln in entspannten Lernsituationen bauen Schüler geistige Strukturen auf und erweitern ihren passiven Wortschatz.

3. Bausteine des inklusiven Englischunterrichts

> **Lena** nimmt gerne solche Angebote wahr, da sie durch das Hören der Texte besser lernen kann. **Finn** hat sich schon durch die Klassenbibliothek gelesen und seine Lesekompetenz dabei auf beeindruckende Weise entwickelt. In der Mittelstufe verschlang er bereits Ganzschriften wie Harry Potter im Original.

Die lernbiologisch günstige Ausnutzung beider Gehirnhälften fördert dabei die Lernleistung nachhaltig. Der Übergang zum Sprechen erfolgt schließlich spontan und individuell, wenn die Schüler sich sicher genug fühlen. Entscheidend ist, dass Lernende nicht zu früh zu möglichst fehlerfreien Äußerungen aufgefordert werden, da dies Druck ausübt und zu Blockaden führen kann. Manche Schüler entwickeln regelrecht Angst vor dem Englischunterricht, aus Furcht, etwas Falsches zu sagen.

Nachfolgend werden Spiele und Übungen vorgestellt, die sich an den Prinzipien des *Total Physical Response* orientieren. Die Erfahrung zeigt, dass ...

- sich bei diesen Aktivitäten alle Schüler gut einbeziehen lassen, unabhängig von ihren unterschiedlichen Lernvoraussetzungen
- alle Schüler die Herausforderung gerne annehmen, mit Freude mitmachen und Lernerfolge erfahren können
- diese Aktivitäten auch zurückhaltenden Kindern die Chance bieten, „im geschützten Raum" und ohne Angst vor Blamage mitzumachen
- es vielen Kindern entgegenkommt, wenn sie (noch) nicht einzeln Englisch sprechen müssen, sondern vor allem im Chor.

Leseverstehen: Schüler lesen einen englischen Text und handeln danach

- ***Action cards*** (Kl. 5/6): Zwei Schüler arbeiten gemeinsam mit einem Satz Karteikarten oder Papierstreifen, die einfache Anweisungen und humorvolle Aufforderungen in englischer Sprache enthalten, z. B.: *Shake hands with your teacher* oder *Move through the classroom like an elephant*. Ein Schüler liest den Auftrag und führt die Handlung aus. Der andere überprüft, ob der Text richtig verstanden wurde. Anschließend wird getauscht.

> Achten Sie bei den nachfolgenden Aktivitäten darauf, dass die Aufträge und Texte in einem auch für **Lena** geeigneten Schriftgrad geschrieben sind. Charakteristisch für diese Übungen und Spiele ist, dass auch Schüler aktiv und mit Freude beteiligt sind, die (noch) nicht sprechen.

3. Bausteine des inklusiven Englischunterrichts

- *Giving directions* (Kl. 5/6): Eine mit Süßigkeiten gefüllte Blechdose wird vor dem Unterricht auf dem Schulgelände versteckt. Vielleicht ist dabei ein Kollege behilflich? In Kleingruppen begeben sich die Schüler nun auf Schatzsuche, wobei sie einer englischen Wegbeschreibung folgen müssen. Findet die Gruppe den richtigen Weg, wird sie durch einen Griff in die Schatzkiste belohnt.
- *Read and draw* (Kl. 5–7): Die Schüler ziehen jeweils eine Karteikarte, auf der eine humorvolle Situation geschildert wird, z. B.: *Five cats are playing football in class 5a. The teacher is dancing on his desk. His car is under the bookshelf.* Die Texte enthalten bekanntes Wortmaterial und geläufige Strukturen. Die Schüler lesen die Situation und gestalten dazu ein Bild. Anschließend vergleichen sie ihre Ergebnisse. Besonders gelungene Werke werden in der Klasse ausgestellt.
- *Street map* (Kl. 6/7): Die Klasse malt mit Kreide einen Stadtplan auf den Schulhof und zeichnet nach Plänen der Lehrkraft *park, school, cinema, station* etc. und Straßennamen ein. Dann ziehen die Schüler Karteikarten mit Wegbeschreibungen, folgen der beschriebenen Route und überprüfen am Ziel die richtige Lösung auf der Rückseite der Karte.
- *New seating plan* (Kl. 5/6): Die Schüler nehmen ihre Taschen und warten an der Klassentür. Jeder zieht einen vorbereiteten Papierstreifen mit Hinweisen wie: *Steve is sitting in front of the teacher's desk, Ann's new seat is next to the window, Marvin is sitting behind Kevin.* Die Schüler setzen sich entsprechend auf ihre neuen Plätze. Wer die Anweisungen nicht richtig verstanden hat, muss umziehen.

Hörverstehen: Schüler hören einen englischen Text und handeln danach

- *Four corners* – Eckenraten (Kl. 5): Jede Ecke des Klassenraums erhält einen Namen, z. B. den einer Farbe, einer Obstsorte oder eines Tieres. Die Schüler stellen sich in einer Ecke ihrer Wahl auf. Dann ruft ein Kind mit verbundenen Augen einen Namen auf, z. B. *red*. Wer in der entsprechenden Ecke steht, scheidet aus. Die übrigen Mitspieler suchen sich nun eine andere Ecke. Das Spiel wird so lange fortgesetzt, bis nur noch ein Schüler übrig bleibt.
- *All birds fly!* (Kl. 5): Die Schüler trommeln mit den Fingern auf ihr Pult. Die Lehrkraft ruft *All birds fly!* und reißt ihre Arme in die Höhe. Die Schüler tun es ihr nach, auch bei Tieren wie *butterflies, bees, eagles, ducks*. Werden jedoch

3. Bausteine des inklusiven Englischunterrichts

dogs, cats oder *elephants* aufgerufen, bleiben die Arme unten. Wer nicht aufpasst, scheidet aus.

- **Simon says** (Kl. 5/6): Die Schüler trommeln rhythmisch mit den Fingern auf dem Pult. Auf Kommandos der Lehrkraft wie *Simon says... Stand up! (Sit down! Clap your hands! ...)* reagieren sie mit entsprechenden Handlungen, aber nur, wenn die Aufforderung mit *Simon says* eingeleitet wurde. Wer nicht aufpasst, scheidet aus oder gibt ein Pfand ab.
- **Robot game** (Kl. 5–7): Jeder darf reihum einen Roboter spielen, der nur auf freundliche Kommandos *(Open a window, please)* reagiert und diese ausführt. Vergisst ein Mitschüler das *please*, werden die Rollen getauscht.
- **Blindfolded** (Kl. 6–10): Die Klasse errichtet einen leicht zu überwindenden Parcours aus Stühlen, Tischen etc. Dann werden zwei Gruppen gebildet, die jeweils einen Schüler entsendet. Dieser muss mit verbundenen Augen den Parcours ablaufen, während seine Mitschüler ihm englische Kommandos zurufen. Die Gruppe, deren Schüler zuerst erfolgreich das Ziel erreicht, gewinnt.
- **Get fit!** (Kl. 6–10): Die Schüler bewegen sich zu flotter Musik auf der Stelle. Die Lehrkraft oder ein Schüler gibt Anweisungen wie *Lift you right arm, Touch your toes* oder *Jump on your left leg*. Die Tänzer hören aufmerksam hin und führen die Bewegungen aus. Die Leitung wechselt nach jedem Durchgang.

> Die sonst eher zurückhaltende **Anna** hat es bei dieser Aktivität richtig ausgekostet, den Ton angeben zu dürfen, und übernahm in Partnerarbeit gerne und häufig die Anweisungen.

3.5 Games

Lernspiele gehören in den inklusiven Englischunterricht aller Jahrgangsstufen und sind nicht nur bei jüngeren Schülern beliebt. In Klasse 5/6 sind sie allerdings fester Bestandteil fast jeder Unterrichtsstunde. Die Kinder bringen vielfältige Spielerfahrungen aus der Grundschule mit, an die man anknüpfen kann. Mal wird eine Stunde mit der Aufforderung *Let's play a game* eröffnet, um an das gerade abgeschlossene Thema anzuknüpfen und bekannte Vokabeln spielerisch zu vertiefen. Ein Lernspiel kann aber auch für das Stundenende in Aussicht gestellt werden, um dort nach anstrengenden Erarbeitungs- und Übungsphasen für Spaß und Entspannung zu sorgen. Natürlich kann man auch mitten in der Stunde spielen, um zu einem neuen Thema überzuleiten.

3. Bausteine des inklusiven Englischunterrichts

Lernspiele sind keine vertane Zeit, sondern bieten im inklusiven Englischunterricht vielfältige pädagogische Vorzüge:
- Kinder spielen prinzipiell gerne, weil das Spiel dem Bedürfnis nach lustbetonter Aktivität und ihrem Bewegungsdrang entgegenkommt.
- Auch Lernspiele können Spaß machen und zu einer angstfreien Unterrichtsatmosphäre beitragen.
- Wenn der Unterricht nicht nur anstrengend ist, sondern auch Freude bereitet, wirkt sich das positiv auf die Grundstimmung der Schüler aus.
- Das wiederum fördert ihre Leistungsbereitschaft und die Lernmotivation für Themen und Inhalte des Englischunterrichts.
- Bewegungsbetonte Lernspiele „mit allen Sinnen" fördern die Verankerung alter und Vernetzung neuer Inhalte. Motorische und sensorische Erfahrungen wirken sich positiv auf Verarbeitungs-, Speicherungs- und Erinnerungsprozesse aus und stärken das nachhaltige Lernen.
- Das alles gilt für alle Schüler der Klasse. Aber Spiele bieten in besonderer Weise auch Kindern mit Lernschwächen die Chance, ihr Wissen unter Beweis zu stellen, Kenntnisse anzuwenden und Erfolgserlebnisse zu erlangen. Nicht selten sind Schüler, die bei komplexen Aufgaben im Englischunterricht schnell überfordert sind, bei Vokabelspielen stets gut vorbereitet, hoch motiviert und engagiert beteiligt!

Das trifft besonders auf **Anna** zu, die um ihre Schwierigkeiten bei komplexen Aufgaben weiß, aber im Bereich Wortschatz eine außerordentliche Merkfähigkeit zeigt.

Der Fundus an geeigneten Spielen für den inklusiven Englischunterricht ist schier unerschöpflich. Nachfolgend sei daher exemplarisch nur eine kleine Auswahl an Möglichkeiten vorgestellt, verschiedene Kompetenzbereiche auf den einzelnen Jahrgangsstufen spielerisch anzusprechen und zu vertiefen.

Klasse 5
- **Wer schafft es als Erster?:** Dieses Spiel dient der Vertiefung neuer Vokabeln und lässt sich in der Pausenhalle oder auf dem Schulhof durchführen. Die Schüler stehen nebeneinander an einer Startlinie. Der Lehrer nennt ein englisches Wort. Wer zuerst die richtige Übersetzung ruft, darf einen Schritt vor. Es gewinnt, wer als Erster die Ziellinie überquert.

3. Bausteine des inklusiven Englischunterrichts

Um zu vermeiden, dass leistungsstarke Schüler das Spiel dominieren, können die Fragen reihum vergeben werden. So lässt sich steuern, dass alle Schüler ihnen angemessene Fragen bekommen und auch **Malte** genug Zeit und Ruhe hat, die Fragen zu verarbeiten.

- **Obstsalat:** Die Schüler stehen im Kreis. Jedem wird der Name einer Obstsorte zugewiesen, wobei jede Sorte mehrfach vergeben wird. Es gibt also mehrere *apples* oder *bananas*, die aber nicht nebeneinander stehen dürfen. Auf das Kommando *All apples change places* tauschen alle „Apfelkinder" untereinander die Plätze. Wer als Letzter einen Platz findet, läuft eine Ehrenrunde. Ein Schüler mit eingeschränkter Mobilität darf von der Kreismitte aus das Kommando geben und schnell einen der frei werdenden Plätze besetzen. So kann er gezielt eine leicht erreichbare Obstsorte aufrufen.

Klasse 6

- *Ready, steady, go!:* Es werden zwei Rateteams von je fünf Schülern gebildet. Diese ziehen sich für einige Minuten zurück und sammeln jeweils möglichst viele Begriffe zu einem Wortfeld wie *school*, *holidays* oder *hobbies*. Dann betritt das erste Team den Raum und hat 30 Sekunden Zeit, um reihum Begriffe zum Thema zu nennen. Für jedes korrekte Wort gibt es einen Punkt, für Doppelnennungen einen Abzug. Wer gerade nicht weiter weiß, darf das Rederecht an den Nachbarn abgeben. Dann ist das zweite Team dran. Gewinner ist, wer die höchste Punktzahl erzielt.

Lena und **Malte** bereiten sich gezielt auf bestimmte Begriffe vor. **Finn** darf seine Wörter aufschreiben und ins Spiel einbringen. Bei vielen Schülern ist es äußerst beliebt, die Strichliste zu führen und auf Doppelnennungen zu achten.

- **Flaschendrehen:** Dieses Spiel kann man zu unterschiedlichen Themen spielen. Lautet das Thema „Ferienerlebnisse", werden Fragen im *simple past* geübt. Die Schüler sitzen im Kreis, ein Freiwilliger lässt sich interviewen. Jemand beginnt z. B. mit der Frage *Where did you spend your holidays?* Nachdem die Antwort gegeben wurde, dreht der Frager die Flasche. Der Schüler, auf den die Flasche zeigt, stellt die nächste Frage, z. B. *Where did you stay?* Das Spiel endet, wenn alle möglichen Fragen beantwortet sind. In sehr heterogenen Gruppen können die Fragen auch zunächst mehrfach gestellt und von demjenigen be-

3. Bausteine des inklusiven Englischunterrichts

antwortet werden, auf den die Flasche bei Stillstand zeigt. Dies erlaubt es auch Finn und Anna, mit der Art der Fragestellung besser vertraut zu werden, bevor sie diese selbst anwenden.

Klasse 7

- *Activity:* Auf einem Würfel werden je zweimal die Begriffe *act, draw* und *explain* aufgeführt oder symbolisch darstellt. Der Lehrer gibt den gesuchten Begriff vor, ein Schüler erwürfelt die gefragte Aktivität und stellt ihn pantomimisch, in eigenen Worten oder zeichnerisch an der Tafel dar. Mit einzelnen Schülern kann abgesprochen werden, dass sie sich nur auf eine Darstellungsform konzentrieren, z. B. die Pantomime. Das ist insofern eine gute Hilfe, als vielen das Einprägen von Begriffen leichter fällt, wenn sie diese zusammen mit Bildeindrücken speichern können.
- **Eckenraten:** Vier Mitspieler verteilen sich auf die vier Ecken des Klassenraumes, die anderen sitzen auf ihren Plätzen und raten mit. Der Lehrer nennt ein deutsches Wort. Wer als Erster korrekt übersetzt, darf eine Ecke aufrücken. Wer als Erster wieder in seiner Startecke ankommt, ist Sieger. Es ist auf eine homogene Besetzung der Ecken zu achten, damit es zu einem ausgewogenen Wettkampf kommt und niemand bloßgestellt wird. So kann es einfachere und schwerere Runden geben. Bei heterogener Zusammensetzung kann für einzelne Schüler, z. B. solche mit dem Förderschwerpunkt Hören, eine Starthilfe darin bestehen, dass sie jeden x-ten Begriff gezielt zugewiesen bekommen, um nicht mit den Gegnern um Schnelligkeit buhlen zu müssen.
  Eine **Variante des Eckenratens** geht so: Der Lehrer nennt nach Art des *odd one out* vier Begriffe und weist jedem Begriff eine Ecke zu, z. B. *history, maths, science, tennis*. Aufgabe der Mitspieler ist es, das Wort zu erkennen, das nicht zu den anderen passt (*tennis*) und die entsprechende Ecke aufzusuchen. Wer sich falsch positioniert, scheidet aus. Nach Möglichkeit erklären die Schüler, warum ein Begriff falsch ist.

> Für **Malte** geht es nicht um Schnelligkeit, er bekommt seine Fragen gezielt gestellt.

3. Bausteine des inklusiven Englischunterrichts

Klasse 8

- **Denkfix:** Mit diesem Spiel lassen sich englische Wortfelder spielerisch vertiefen. Benötigt wird eine Buchstaben-Drehscheibe aus dem Spielwarengeschäft. Alternativ sagt ein Schüler wie bei Stadt – Land – Fluss das Alphabet „im Kopf" auf. Die Klasse wird in Gruppen aufgeteilt. Diese müssen Begriffe finden, die mit dem jeweils ermittelten Buchstaben beginnen. Die Begriffe stammen aus geläufigen Bereichen wie *school, pop music, TV and internet, food and drink, jobs, hobbies* etc. Die Gruppe, die als erste einen passenden Begriff nennt, erhält den Punkt. Um eine breite Beteiligung zu sichern, werden die Schüler in jeder Gruppe durchnummeriert. In der ersten Runde antwortet jeweils die Nr. 1, in der nächsten die Nr. 2 etc. So lässt es sich steuern, dass alle Schüler eine faire Chance haben und Punkte für ihr Team erzielen können.

- **Red or green?:** Bei diesem Spiel, das einer Überprüfung des Textverständnisses dient, erhält jeder Schüler eine rote und eine grüne Karte aus Karton. Nach gründlicher Erarbeitung eines Lehrwerktextes trägt der Lehrer wahlweise richtige und falsche Aussagen vor, die sich auf den Text beziehen. Die Schüler halten nun die entsprechende Karte in die Höhe: grün = richtig oder rot = falsch. Leistungsstarke Schüler begründen auf Englisch kurz ihre Entscheidung.

> Bei diesem Spiel oder beim Spiel „Der heiße Stuhl" (s. S. 60) ist es für **Malte** sehr wichtig, dass die Lehrkraft besonders prononciert vorträgt.

Klasse 9

- ***Give me a clue!:*** Zwei oder mehr Teams treten gegeneinander an. Der Lehrer lässt Begriffe erraten, gibt aber die nötigen Informationen dafür nur Stück für Stück preis. Je mehr Hinweise ein Team braucht, desto weniger Punkte kann es gewinnen. Beginnt man z. B. mit der Aussage *Everbody has one (4 points)*, lässt sich damit noch wenig anfangen, denn da kommt viel in Frage. Rät eine Gruppe dennoch richtig, erhält sie 4 Punkte. Der nächste Hinweis *It's a woman (3 points)* grenzt die Möglichkeiten schon weiter ein, *She is*

3. Bausteine des inklusiven Englischunterrichts

old (2 points) noch mehr. Wird bei *She is not your mother (1 point)* die Großmutter erraten, gibt es einen Punkt. Kommt eine Gruppe nach eingehender Beratung nicht auf die Lösung, geht das Antwortrecht auf das nächste Team über.

- **Der heiße Stuhl:** Hier geht es um eine spielerische Überprüfung des Textverständnisses. Die Schüler sitzen in zwei Riegen (A/B) hintereinander mit Blick zur Tafel, immer zwei möglichst gleichstarke Partner nebeneinander. Die Paare sind durchnummeriert. Vor der Tafel steht ein Stuhl mit dem Schild *RIGHT*, ein anderer mit *WRONG*. Nach angemessener Erarbeitung eines Textes trägt der Lehrer richtige oder falsche Aussagen dazu vor und ruft das Paar, das gegeneinander antritt, mit seiner Nummer auf. Die beiden versuchen nun, möglichst schnell den entsprechenden Stuhl zu erreichen, um den Punkt zu gewinnen.

Klasse 10

- **Halli Galli:** Bei diesem Spiel vertiefen ältere Schüler z. B. ihre Kenntnisse der unregelmäßigen Verben. Es finden sich je zwei gleichstarke Spielpartner, die Paarungen werden an die Tafel geschrieben. Das erste Paar beginnt, indem beide einander gegenüber sitzen, die Hände auf dem Rücken. Auf dem Tisch befindet sich ein Buzzer (eine Glocke o. Ä.) Der Lehrer nennt ein Verb im Infinitiv. Wer als Erster den Buzzer bedient und die anderen beiden Formen korrekt benennt, gewinnt den Punkt. Jedes Paar erhält drei Verben, danach geht es im KO-System weiter, bis ein Sieger ermittelt ist. Die Erfahrung zeigt, dass auch schwächere Schüler bei diesem Spiel nicht selten bis in die letzten Runden vordringen!
- **Tabu:** Ein Schüler sitzt mit dem Rücken zur Tafel. Der Lehrer schreibt den gesuchten Begriff an. Die Mitschüler, die sich in Gruppen aufgeteilt haben, müssen den Begriff umschreiben, ohne dabei das zu erratende Wort zu benutzen. Sie können sich gegenseitig beim korrekten Formulieren unterstützen. Wer den entscheidenden Hinweis zur Auflösung gibt, darf als Nächster auf den Stuhl. Wird fälschlicherweise das Tabu-Wort benutzt, gibt es für die Gruppe einen Punktabzug.

3. Bausteine des inklusiven Englischunterrichts

3.6 Practical activities

Im inklusiven Englischunterricht bieten sich vielfältige Möglichkeiten, die unterschiedlichen Interessen und Lernwege von Schülern zu berücksichtigen, wenn man es mit dem Lernen über „Kopf, Herz und Hand" wirklich ernst meint und – wo es sinnvoll erscheint – interessante praktische Lernangebote macht. Dies motiviert die ganze Klasse und verschafft auch Schülern angemessene Lerngelegenheiten, die in hohem Maße auf Anschauung und praktisches Tun angewiesen sind. Nachfolgend werden einige Aktivitäten vorgestellt, die sich in Inklusionsklassen besonders bewährt haben. Da die Rahmenbedingungen nicht immer optimal sind, sollte man sich im Zweifelsfall um personelle Unterstützung des Vorhabens durch Kollegen, Eltern oder ältere Schüler bemühen, z. B. um die Lerngruppe vorübergehend einmal teilen zu können.

English breakfast

Die Fünftklässler sprechen im Unterricht über ihre Frühstücksgewohnheiten und berichten, was sie zum Thema *English breakfast* schon wissen. Auf der OHP-Folie werden *breakfast words* gesammelt und in einer Mindmap nach *drinks (tea, milk, coffee, orange juice ...), hot food (porridge, sausages, baked beans, bacon and eggs ...)* und *cold food (grapefruit, cereals, cornflakes, muesli, roll, sandwich, cheese, marmalade, jam, butter ...)* sortiert. Wichtige Begriffe wie *plate, spoon, knife, fork, cup, glass, bowl, teapot* und *jar* werden spielerisch eingeführt. Die Schüler diskutieren untereinander, was sie (nicht) zum Frühstück mögen: *I like bacon and eggs for breakfast, but I don't like marmalade on my toast.*

> **Finn** darf durch Nicken oder Kopfschütteln auf *yes/no-questions* wie: *Do you like marmalade?* antworten.

Dann werden gleich große Gruppen gebildet, die jeweils absprechen, wer sich um den Einkauf, das Tischdecken und Abräumen, die Zubereitung des Frühstücks sowie das Spülen und Abtrocknen kümmert. Erfahrungsgemäß engagieren sich Schüler, denen das Englischsprechen eher schwer fällt, besonders gerne bei organisatorischen Aufgaben. Eventuell übernimmt auch ein Schüler im Rahmen der Lebensweltorientierung in Begleitung eines Pädagogen den kompletten Einkauf.

Kopiervorlage

Name: _____ Class: _____ Date: _____

English breakfast

- drinks
- hot food
- **breakfast words**
- utensils
- cold food

3. Bausteine des inklusiven Englischunterrichts

Alle Lernenden werden sprachlich eingebunden, wenn die Zutaten am Tisch noch einmal auf Englisch bezeichnet werden: *What's this? (This is) a plate. What's that? (That's) a fork.* Diese Übung lässt sich auch mit Bildkarten oder Verpackungen inszenieren, denen Schüler vorbereitete Wortkärtchen wie *butter, cornflakes* oder *bacon* zuordnen. Ein beliebtes Spiel ist es, der Klasse eine Anzahl von *breakfast things* zu zeigen. Dann werden diese verdeckt und die Schüler müssen aus der Erinnerung heraus möglichst viele Gegenstände benennen.

Beim Frühstücken sollte möglichst Englisch gesprochen werden. Hier lassen sich kleine Frage-Antwort-Situationen initiieren und die Schüler dazu ermutigen, miteinander zu kommunizieren:

- *Is the salt on the table? Yes, it is/No, it isn't.*
- *Are the cornflakes on the table? Yes, they are./No, they aren't.*
- *Can you pass the salt, please? Here you are.*
- *Can I have the butter, please? Yes, of course.*
- *Do you like the baked beans? Yes, I do./No, I don't.*

English tea-time with scones

Weniger aufwändig ist eine englische Teezeit. Wenn mehrere Wasserkocher zur Verfügung stehen und die Schüler eigene Tassen mitbringen, lässt sie sich leicht im Klassenraum organisieren. Besonders schön ist es, wenn dazu auch traditionelles Gebäck wie *Scones* gereicht wird. Es finden sich immer Schüler, die gerne nach Rezepten suchen und diese zu Hause ausprobieren. Sie sind stolz, wenn es den Mitschülern schmeckt und sie für ihre Backkünste gelobt werden. Solche Momente „gelebter Landeskunde" hinterlassen in der Regel nachhaltige Eindrücke.

In dieser Hinsicht bieten sich viele Gelegenheiten, Inhalte und Themen des Englischunterrichts durch praktisches Tun zu vertiefen. So bleiben diese nicht nur blasse Theorie und angelerntes Wissen. Gerade zurückhaltende Schüler können sich hier gut in die Klassengemeinschaft einbringen. Dies gibt ihnen Erfolgserlebnisse, fördert ihre soziale Integration und stärkt ihre Motivation für das Fach Englisch.

Englische Kochrezepte bieten vielfältige Lernanlässe: Schüler üben das Lesen, indem sie ihre Anleitung vortragen. Andere berichten mündlich, wie und in welcher Reihenfolge sie vorgegangen sind. Für eine vertiefende Übung wird das Rezept in einzelne Sätze zergliedert und auf Papierstreifen geschrieben, die von den Schülern in die richtige Reihenfolge gebracht werden müssen.

3. Bausteine des inklusiven Englischunterrichts

Bastelarbeiten

Manche Schüler finden über Bastelarbeiten einen guten Zugang zu den Themen des Englischunterrichts, intensivieren so die Auseinandersetzung mit den Inhalten und entwickeln dabei ihre praktischen Fertigkeiten weiter. Für manche Lernenden sind z. B. das exakte Schneiden mit der Schere, die zweckmäßige Handhabung von Stift und Lineal oder das saubere Ausmalen und Aufkleben wichtige Lernziele. Dafür müssen auch im inklusiven Englischunterricht angemessene Gelegenheiten geschaffen werden.

Die Abbildung links zeigt Schilder, die zum ritualisierten Stundenbeginn eingesetzt werden. Ein Schüler mit dem Förderschwerpunkt geistige Entwicklung hat sie zusammen mit einer Lernbegleiterin hergestellt und benutzt sie täglich, um der Klasse auf Englisch den Wochentag mitzuteilen und einen Wetterbericht abzugeben. Dazu hat er die vorgeschriebenen Kartons mit Farben seiner Wahl ausgemalt, mit Unterstützung laminiert und an den Stäben befestigt. So hat der Schüler mehrere anspruchsvolle Arbeitsvorgänge gemeistert und ein nützliches Produkt angefertigt, das ihm dabei hilft, wichtige englische Begriffe zu lernen und am Englischunterricht teilzuhaben.

Die Abbildung rechts stellt einen Smiley dar, mit dem Schüler sich im Morgenkreis gegenseitig darüber Auskunft geben, wie es ihnen geht. Auch er wurde von einem Schüler mit besonderem Förderbedarf angefertigt.

Auf dem abgebildeten Poster geht es um das Thema *Jobs around the house*. Hier hat sich ein Schüler bemüht, englische Ausdrücke wie *vacuum the floor* oder *do the dishes* sauber und fehlerfrei von einer Vorlage abzuschreiben und zu lernen.

3. Bausteine des inklusiven Englischunterrichts

Zusammen mit der Lernbegleiterin hat er eine Abbildung aus dem Lehrwerk vergrößert und die Kopie sauber auf Karton geklebt. Anschließend wurden die englischen Wortkarten an den entsprechenden Stellen angebracht. Auf diese Weise ist es ihm gelungen, einen dekorativen Wandschmuck für die *English Corner* herzustellen, auf den im Unterricht immer wieder Bezug genommen werden kann. Zur Vertiefung des Wortfeldes zeigt der Schüler z. B. auf einen Begriff und lässt ihn von einem Mitschüler vorlesen. Oder er stellt eine Hausarbeit pantomimisch dar und lässt diese auf Englisch erraten.

Manche Schüler basteln gerne kleine Spiele und Materialien für die Freiarbeit, die sie dann selber nutzen können. So wurden z. B. Bild- und Textkarten zu den *New Yorks sights* gemeinsam mit einer Lernbegleiterin erarbeitet. Anspruchsvollere Aufgaben sind das Herstellen von Landkarten (*Great Britain, USA, Australia ...*) und das Einzeichnen wichtiger Städte, Regionen und Sehenswürdigkeiten, aber auch das Anfertigen von Zeitleisten zu historischen Themen wie etwa der wechselvollen Geschichte Irlands. Dabei können die Schüler, je nach individuellen Voraussetzungen und Fähigkeiten, mehr oder weniger frei gestalten.

Auch an der Gestaltung von Lernpostern können sich Schüler beteiligen. Die als Gedächtnisstütze vorgesehenen Plakate aus buntem Karton halten z. B. *classroom phrases* wie *Open your books at page ...* oder *Excuse me, I've got a question* fest und hängen gut sichtbar in der Klasse. Alles, was Schüler häufig verwechseln, z. B. die Formen des Verbs *be* oder die Personal- und Possessivpronomina, ist für Lernposter geeignet.

Es dürfte kaum ein Thema im Englischunterricht der Sekundarstufe I geben, zu dem sich nicht auch kreative Lernangebote entwickeln ließen, sei es in Form von Collagen, Bildern oder Zeichnungen. Viele Schüler fühlen sich von Aufgaben angesprochen, die zum künstlerischen Gestalten anregen, und nutzen diese nach ihren individuellen Möglichkeiten, um sich persönlich auszudrücken. Die Schüler ...

- malen Bilder zu ihren ME-Texten: *My home/pets/family/room...*
- zeichnen Comic Strips zu bekannten Geschichten: *Romeo and Juliet...*
- gestalten Collagen zu Szenen aus der Klassenlektüre.
- stellen Foto-Love-Storys mit Bildern ihrer Mitschüler her.
- gestalten Werbeplakate für neue, ungewöhnliche Produkte.
- „erfinden" einen neuartigen Snack.
- gestalten Fahndungsplakate *(Wanted)* für einen fiktiven Bankräuber.
- ...

3. Bausteine des inklusiven Englischunterrichts

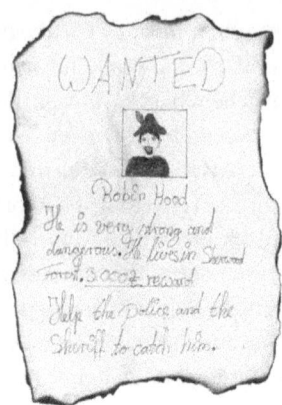

Während jüngere Schüler gerne zeichnen und malen, nimmt bei den älteren das Interesse an Collagen zu. Sie nutzen z. B. Ausschnitte aus Illustrierten bei landeskundlichen Aufgaben oder Themen wie *My future, My hopes and dreams, My favourite popstar*. Diese besitzen großen Aufforderungscharakter und lassen sich von den Lernenden in Collagen gut darstellen. Ein Vorteil ist, dass auch ruhigere Schüler so ihre Gedanken, Gefühle und Meinungen ausdrücken und in den Unterricht einbringen können.

3.7 English Theatre

Die schauspielerische Umsetzung von Themen und Inhalten spielt eine zentrale Rolle im inklusiven Englischunterricht. Sie besitzt insbesondere für jüngere Schüler einen hohen Aufforderungscharakter, da sie ihrem entwicklungsgemäßen Spiel- und Bewegungsdrang entgegenkommt. So haben wir in unseren Inklusionsklassen noch kein Kind erlebt, das sich nicht mit Begeisterung am *English Theatre* beteiligte. Vielmehr haben wir die Erfahrung gemacht, dass Lernende über Rollenspiele, Sketche und kleine Theaterstücke sehr für den Englischunterricht motiviert werden können.

Das darstellende Spiel bietet allen Schülern die Chance, ihre fremdsprachlichen Kompetenzen einzubringen und durch reizvolle Aktivitäten weiterzuentwickeln. Schauspielrollen unterscheiden sich vom Umfang und Anspruchsniveau her meist so deutlich, dass sich bei geeigneter Textauswahl jedem Kind die Möglichkeit bietet, eine passende Rolle zu spielen und diese auch sprachlich zu bewältigen.

3. Bausteine des inklusiven Englischunterrichts

Vergleichbares lässt sich für die schauspielerischen Fähigkeiten sagen: Je größer die Auswahl an unterschiedlichen Rollen, desto eher findet jeder Schüler einen Part, der ihm zusagt. Dabei wählen manche Lernenden tragende Rollen mit viel Text, bei denen couragiertes Auftreten gefragt ist. Andere entscheiden sich für kleinere Rollen, die dennoch von Bedeutung für das ganze Stück und damit die Gesamtleistung der Gruppe sind. Im inklusiven Englischunterricht bietet das darstellende Spiel somit differenzierte Lerngelegenheiten, die jedem ein erfolgreiches Arbeiten nach seinen Voraussetzungen und Interessen erlauben und die Entwicklung eines individuellen Leistungsprofils fördern.

Das darstellende Spiel leistet auch im Englischunterricht einen wertvollen Beitrag für die Persönlichkeitsentwicklung der Schüler, denn sie können ...

- neue Ausdrucksformen für sich entdecken, was gerade im Jugendalter von besonderer Bedeutung ist,
- in angenehmer Lernatmosphäre einen positiven Zugang zum Fach Englisch erleben und ihre Sprach- und Handlungskompetenzen weiterentwickeln,
- eine gute Arbeitshaltung (Durchhaltevermögen, Ehrgeiz etc.) ausbilden, indem sie Texte auswendig lernen und ihre Rollen zur Aufführung beherrschen,
- lernen, beim Spiel sensibel auf andere zu achten und auf sie einzugehen,
- lernen, bisweilen ihre individuellen Bedürfnisse den Interessen der Gruppe nachzuordnen,
- neue Seiten und Stärken an sich erleben, mitunter über sich hinauswachsen,
- gemeinsame Erfolgserlebnisse haben.

Szenisches Lesen

Beim szenischen Lesen werden ausgesuchte Szenen aus einer Klassenlektüre oder Texte aus dem Lehrwerk mit verteilten Rollen laut vorgetragen. Besonders eignen sich dazu Texte mit hohem Dialoganteil, die sich dramaturgisch inszenieren lassen. Es können Requisiten eingesetzt werden, die das Gesagte veranschaulichen und den Schülern helfen, sich in ihre Rolle hinein zu finden. Das kann ein Arztkittel sein, eine Zeitung in der Hand oder der Telefonhörer am Ohr. Die Texte werden möglichst lebendig vorgetragen, d. h. die Schüler stellen sich im Hinblick auf Lautstärke, Sprechtempo, Satzmelodie, Betonung etc. ganz auf ihre Rolle ein. Dabei kommt es auch zum sparsamen Einsatz von unterstützenden Gesten.

Da es nicht allen leicht fällt, sich in dieser Weise zu präsentieren, ist es sinnvoll, das szenische Lesen im geschützten Raum der Kleingruppe zu üben. Dazu

3. Bausteine des inklusiven Englischunterrichts

suchen sich die Schüler einen ruhigen Platz in der Klasse, auf dem Flur oder in der Bibliothek und verteilen die Rollen. Nun übt jeder für sich, indem er seinen Text leise vorträgt. Die Schüler unterstützen sich gegenseitig dabei, das Vorlesen zu optimieren, indem sie sich korrigieren und Hinweise zur Betonung geben. Für manche kann das Anlegen von Lesepartituren eine Hilfe zum Sinn betonenden Lesen sein. Dazu markiert man sich im Text, wo laut oder leise, schnell oder langsam, aufgeregt oder zurückhaltend gelesen wird, bzw. wann eine Pause sinnvoll ist.

Die Rollen sollten gelegentlich wechseln, so dass sich jeder einmal auf verschiedene Weise erleben kann. Schließlich entscheidet jede Gruppe, ob sie vor der ganzen Klasse präsentiert oder lieber einzelne Zuhörer zu sich einlädt. Gerade in sehr heterogenen Lerngruppen kann dies sinnvoll sein! Es ist übrigens eine reizvolle Aufgabe, einen Text zur Übung auf verschiedene Weise vorzulesen: wie ein schimpfender Polizist, ein verliebter junger Mann, eine gelangweilte Schülerin ...

Malte und **Anna** kommt die Kleingruppenarbeit sehr entgegen, weil sie sich im geschützten Raum eher trauen zu sprechen. **Finn** lehnt Sprechrollen auch in der kleinen Gruppe ab und übernimmt lieber wichtige Aufgaben im Bereich des *technical support*. So trägt auch er zum Gelingen des Ganzen bei.

Standbilder

Standbilder sind ebenfalls sehr geeignet für die gemeinsame Arbeit von Schülern mit sehr unterschiedlichen Lernvoraussetzungen. Im inklusiven Englischunterricht bauen sie z. B. ein Standbild, indem sie eine Szene aus der Klassenlektüre in eine unbewegliche menschliche Statue umsetzen und dadurch ein Beziehungsgefüge, Emotionen des Protagonisten oder bestimmte Handlungen sinnfällig machen.

Im Standbild wird das Textverständnis einer Gruppe verkörpert und mit dem Verständnis anderer Gruppen vergleichbar gemacht. Für einige stellt es eine große Erleichterung dar, wenn sie ihr Textverständnis nicht vor der Klasse verbalisieren müssen, sondern in dieser künstlerischen Form darstellen können. Auch die Möglichkeit, dies nicht als Einzelergebnis, sondern als Gruppenleistung zu präsentieren, ermutigt viele zur Mitarbeit.

Der gewählte Textausschnitt wird zunächst in der Gruppe gelesen und bearbeitet. Die Ergebnisse werden in schriftlichen Notizen festgehalten. Anschlie-

3. Bausteine des inklusiven Englischunterrichts

ßend überlegt man gemeinsam, wie sich der im Text dargestellte Konflikt, die sozialen Beziehungen o. Ä. in ein wort- und bewegungsloses Standbild gießen lassen, d. h. nur durch Gestik und Mimik sowie die Position der Mitspieler zueinander. Reihum präsentieren die Gruppen dann ihre Ergebnisse und beantworten Fragen der Mitschüler zu Absichten und Vorstellungen bei ihrem Standbild. Die Klasse beschreibt, was sie sieht und wie das Standbild auf sie wirkt. Die Darsteller ihrerseits berichten, wie es ihnen beim Bau des Standbildes erging.

Es folgt ein Austausch über die verschiedenen Lösungsansätze. Eine interessante Variante bei der Arbeit mit Ganzschriften ist es, wenn die Gruppen unterschiedliche Szenen in Standbilder umsetzen. Die Mitschüler müssen erraten, um welche Textstelle es sich jeweils handelt.

Rollenspiele

Auch Rollenspiele sind ein unverzichtbarer Bestandteil des inklusiven Englischunterrichts. Sie weisen zahlreiche Übereinstimmungen mit weiter entwickelten Formen des darstellenden Spiels auf, sind jedoch auf Grund ihrer geringeren Komplexität ohne großen Aufwand in den Unterricht zu integrieren, sowohl in lehrerzentrierten als auch in offenen Arbeitsphasen. Dazu stehen in der *English Corner* Utensilien bereit, die als Requisiten dienen können, z. B. zwei Telefone mit Wählscheibe für Rollenspiele zur Verabredung mit Freunden, zur Vereinbarung von Arztterminen oder einer Hotelreservierung etc. Für Anna bietet sich in freien Arbeitsphasen die Gelegenheit, in Ruhe sprachliche Strukturen spielerisch einzuüben.

Typische Themen und Anlässe für Rollenspiele sind...
- Interviews mit fiktiven Personen, Popstars, Sportlern etc. *(What's your name? Where are you from? What are your hobbies?)*
- *On the telephone:* Verabredungen treffen, Auskunft einholen, Termine machen
- *Shopping: At the supermarket, At the fleamarket, In a fashion store*
- *Eating out: At the restaurant, At the snackbar*
- *Lehrwerkstexte: Robin Hood, Robinson Crusoe, Romeo and Juliet ...*
- „Expertengespräche": *Is fast food good for you? Should smoking be banned in public? Is life without mobile phones possible?*
- Szenen aus der Klassenlektüre
- *Weitere: Asking the way, At the doctor's, At the information desk ...*

3. Bausteine des inklusiven Englischunterrichts

Rollenspiele können so gestaltet werden, dass sich alle Schüler nach ihren Möglichkeiten beteiligen können. Hier zunächst ein Beispiel für ein kleines, sehr beliebtes Rollenspiel zum Thema *Fortune-tellers*:

Ziel ist die Einübung einfacher Fragen und Antworten im *will-future*. Die Anregung unseres Lehrwerkes, dies in eine Situation einzukleiden, in der ein Wahrsager seinem Kunden die Zukunft voraussagt, haben wir zum Anlass genommen, den Schülern in einer Kiste folgende Gegenstände für ein Rollenspiel zur Verfügung zu stellen: Kopftuch, Glaskugel, buntes Tischtuch/Unterlage, vorbereitete Fragekarten, Leitkarte mit Antwortmöglichkeiten wie *Yes, you will/No, you won't/I can't tell you.*

Das Tuch wird auf dem Tisch ausgebreitet, die schöne Glaskugel darauf gestellt. Der Wahrsager bindet sich das Kopftuch um. Ein Mitspieler lässt sich die Zukunft vorhersagen. Als Hilfe dienen vorbereitete Fragen im *will-future: Will I marry a pop-star? Will I be famous? Will I get rich?* Der wahrsagende Schüler spielt seine Rolle dramatisch aus, beschwört die Kugel und beantwortet die Fragen nach vorgegebenem Sprachmuster. Leistungsstarke Schüler improvisieren, denken sich eigene Fragen und Antworten aus, schwächere Schüler orientieren sich eng an den Vorgaben.

Bei komplexeren Spielsituationen schreiben die Schüler ihre Dialoge auf kleine Karteikarten, die sie nach Bedarf nutzen. Einige lesen ihren Text ab, während andere nur hin und wieder auf die Karte schauen. Eine weitere Möglichkeit besteht darin, die Dialoge mit *speech bubbles* so vorzubereiten, dass die Schüler beim Rollenspiel ihren Part ablesen können, nur gelegentlich auf die Sprechblasen schauen oder sich ganz von der Textvorlage lösen. Leistungsstarke Schüler improvisieren und spielen ihre Rolle ganz frei.

Für Lernaktivitäten mit *speech bubbles* benötigt man einen Satz laminierter DIN-A4-Karten mit Sprechblasen, welche die einzelnen Elemente eines Dialogs, z. B. Fragen und Antworten, enthalten. Mit diesen Karten kann an der Tafel oder auf dem Boden gearbeitet werden. Für die Einzel- oder Partnerarbeit am Tisch wird eine kleinformatige Version des Kartensatzes bereitgestellt. Dabei bieten sich unterschiedlich komplexe Arbeitsmöglichkeiten an:

- Die Karten werden gut gemischt und dann von den Schülern zu einem sinnvollen Dialog sortiert und ausgelegt.
- Ein Schüler schließt die Augen, sein Partner vertauscht einige Karten. Der erste Schüler muss nun den Dialog wieder rekonstruieren.

3. Bausteine des inklusiven Englischunterrichts

- Ein Schüler schließt die Augen, der andere dreht mehrere Karten um. Der erste Schüler muss die korrekten Fragen bzw. Antworten erinnern.
- Der Dialog wird mit verteilten Rollen vorgelesen.
- Die Schüler improvisieren einen Dialog mit eigenen Fragen und Antworten.
- Die Schüler schreiben den Dialog sauber ab etc.

Die Arbeit mit *speech bubbles* kommt den individuellen Lernwegen der Schüler entgegen, da hier unterschiedliche Lerntypen angesprochen bzw. *skills* gefördert werden. Für manche ist es eine Herausforderung, den Dialog zu verstehen und eine geänderte Reihenfolge wiederherzustellen. Sie müssen dabei noch gar nicht Englisch sprechen! Für andere ist es ein Ziel, ihn mit korrekter Aussprache vortragen und fehlerfrei abschreiben zu können. Einige Schüler lösen sich von der Vorlage und entwickeln eigene Dialoganteile, die sie später vorspielen oder aufnehmen. Nicht jeder kann und muss diese Stufe erreichen, aber bis dahin gibt es viele lohnenswerte Ziele!

Schließlich lassen sich solche gespielten Dialoge und Rollenspiele gut mit Hilfe von *jumbled sentences* vorbereiten, die aus vielen Lehrwerken bekannt sind. Dazu bereitet der Lehrer zunächst Karten im DIN-A4-Format vor, auf denen jeweils ein Wort der Frage bzw. Antwort zu lesen ist. Die Karten sind satzweise gebündelt und werden in Kleingruppenarbeit so sortiert, dass ein sinnvoller Satz entsteht. Die Schüler stellen sich nebeneinander auf und halten jeweils eine Karte hoch. Ggf. können die Wörter (bzw. Schüler) umgestellt werden. Schließlich wird der korrekte Satz vorgelesen und mit Klebestreifen an der Tafel befestigt. Daraus entwickeln die Gruppen dann den kompletten Dialog.

Das folgende Beispiel entstand in Anlehnung an das Lehrwerk *Notting Hill Gate 3* (Diesterweg). Es stellt ein fiktives Interview mit dem nach vielen Jahren der Abwesenheit in seine Heimat zurückgekehrten Robinson Crusoe dar. Die Schüler stellen sich z. B. mit den Karten *live – island – on – the – How – you – long – did* zu *How long did you live on the island* auf. Die richtige Antwort ergeben die Karten: *28 years – more – than – for*.

Je interessanter das Thema des Rollenspiels, desto lieber mögen Schüler es, wenn man davon eine Videoaufzeichnung anfertigt und anschließend gemeinsam anschaut. In Bezug auf das oben vorgestellte Beispiel spielte die Klasse den Dialog als kleinen Sketch in Vierergruppen. Ein Schüler gab den Robinson mit Fellmantel und Strohhut, ein weiterer, ausgestattet mit Basecap und Mikrophon, mimte den Reporter. Ferner musste die Rolle des Ansagers besetzt wer-

Kopiervorlage

Name: _____ Class: _____ Date: _____

A job interview

- When did you leave school?
- I am really interested in music and I like playing instruments.
- Where did you find out about this vacancy?
- Yes, I did a job training …
- Why do you apply for the job?
- Yes, …
- Do you have any work experience?
- I left school last summer.
- Do you have any knowledge in foreign languages?
- I saw the job advert in the newspapers.

den (je nach Lernvoraussetzung auf Englisch oder Deutsch, frei gesprochen oder abgelesen). Ein vierter, sehr zurückhaltender Schüler stand im Hintergrund und sorgte für die Kulisse (Palme). Schließlich wurde auch die Rolle des Kameramannes mit einem Schüler besetzt.

Sketche

Eine komplexere Herausforderung stellt das Inszenieren von Sketchen bzw. kleineren Theaterstücken dar. Eine Reihe von Lehrmittelverlagen bietet dazu eine interessante Auswahl an Texten an, die sich ohne großen Aufwand im Unterricht erarbeiten lassen. Obwohl diese Angebote häufig eher auf jüngere Schüler abzielen, haben wir auch in höheren Jahrgängen damit gute Erfahrungen gemacht und bis zur 10. Klasse regelmäßig gespielt. Die Schüler haben sich engagiert und die gelegentlichen Aufführungen auf Elternabenden zu einem besonderen Ereignis gemacht, auf das es sich hinzuarbeiten lohnte.

Das Erarbeiten von Sketchen lässt sich ab Jahrgang 5 gut in den Unterricht integrieren. Die vier oder fünf Englischstunden einer Woche reichen, um Stücke einzustudieren und sie sich am Freitag gegenseitig vorzuspielen. Auch Nachbarklassen können zur Aufführung eingeladen und als Publikum gewonnen werden. Bei Sketchen fallen meist vielerlei wichtige Zusatzaufgaben an, so dass auch zurückhaltende Schüler, die das Rampenlicht eher scheuen, einen Beitrag zum Gelingen des Ganzen leisten können. Solche Aufgaben sind: Programmheft gestalten, soufflieren, Ansagen machen, für Ton und Beleuchtung sorgen, sich um die Kostüme und Requisiten kümmern, Videoaufnahmen machen etc.

Das folgende Beispiel wurde der Sammlung *„Sketch it! Easy English sketches for classes 5–7"* (Cornelsen-Verlag, ISBN 3-464-06132-9) entnommen und ist für den Unterricht im Jahrgang 6 gedacht. Der Sketch *Mistakes* handelt von einer vierköpfigen Familie, die mit dem Auto unterwegs ist. Ihr Gespräch kreist um die Frage, warum Vater immer fährt und Mutter daneben sitzt. Vater und Sohn sind der Überzeugung, dass Männer einfach besser fahren, Mutter und Tochter halten dagegen. Die Pointe ist, dass der Vater aus Unachtsamkeit einen Auffahrunfall verursacht und in ein Polizeiauto rast. Mit einem Augenzwinkern lautet die Moral, dass jeder beim Fahren mal Fehler macht.

Aus einem größeren Angebot wurde dieser Sketch sehr häufig von Schülergruppen ausgewählt, da er humorvoll ist und interessante Rollen bietet: Vater und Sohn, Mutter und Tochter, Polizist und Polizistin, d.h. insgesamt drei Jun-

Mistakes

Mum, Dad, Becky und Rick sind im Auto unterwegs. Dad fährt, Mum ist auf dem Beifahrersitz und die beiden Kinder sitzen hinten.

Becky   Dad, why do you always drive when we go somewhere by car?

Rick   Because the man always drives.

Becky   Oh, who asked you, Rick? You boys with your silly ideas. Mrs Bellingham drives the school bus. Does that make her a man?

Rick   That isn't the same. Look at all the cars on the road. The man is driving and the woman is sitting next to him.

Becky   Hmm. You're right. But why? Why don't you drive, Mum?

Mum   I don't drive because your dad likes driving. I can sit here and look out of the window. I like doing that.

Becky   But you always say you like driving. You drive a lot when Dad's away.

Dad   When the cat's away, the mouse can play.

Becky   Hey! What does that mean? Come on, Dad, tell us. Why do you always drive?

Rick   Why don't you listen? Because Dad likes driving and Mum likes looking out of the window.

Becky   Brothers! I hate them! Come on, Mum. You drive now. After two hours, Dad needs a break.

Mum   I really don't like driving with your father. He tells me what to do all the time.

Dad   I do not! I only say something when you make a mistake.

Mum   Oh yes? Then I must make a lot of mistakes.

Rick   I think men are better drivers. You don't make mistakes, Dad.

Becky   Eeeyuck!

Kopiervorlage

Dad	Well, your mother never tells me about any mistakes.
Mum	Of course I never tell you about your driving mistakes. I'm not stupid!
Dad	Hey, what do you mean by that, Sandra?
Becky	Ah. I understand now. The man always drives because women like a quiet life.
Dad	Becky!
Rick	Dad, that police car. I think they want to stop us.
Dad	What police car?
Rick	Be careful! Oh, no!

Geräusche eines Auffahrunfalls: Aufprall, zerbrechendes Glas, Schreie wie Aaagh! Ouch! Oh no! Help! usw. Die vier Personen im Auto werden nach vorne geschleudert, fallen dann auf ihre Sitze zurück. Alle vier steigen aus dem Auto aus. Eine Polizistin und ein Polizist kommen auf sie zu. Während des Gesprächs gelingt es Mum und Becky trotz offensichtlicher Bemühungen nie ganz, ein schadenfrohes Grinsen zu unterdrücken. Rick sieht fassungslos und enttäuscht zu.

Policewoman	What's wrong, Sir? Didn't you see our police car?
Policeman	It is quite a big car, Sir. And, you know, orange and white with a blue light. Most people see it.
Policewoman	Before they drive into it, that is.
Dad	Well, erm, no, er, I'm afraid I didn't see you.
Policewoman	Hmm. There are quite a lot of things you don't see, Sir. That red light back there, for example.
Policeman	Or do you never stop at red lights, Sir?
Dad	No, I ... I mean, yes, of course I stop ... I mean, no, I didn't see a red light.
Policewoman	Ah, well, Sir. We all make mistakes when we're driving.

© 2014 Cornelsen Schulverlag GmbH, Berlin. Alle Rechte vorbehalten.

3. Bausteine des inklusiven Englischunterrichts

gen- und drei Mädchen-Rollen. Aus vier Stühlen wird das Auto gebaut, das Lenkrad wird pantomimisch angedeutet. Die Polizisten tragen Uniformen.

Wir haben diesen Sketch schon in verschiedenen Klassen erlebt. Besonders in Erinnerung blieb eine Gruppe, in der drei Schüler mit den Förderbedarfen Sprache bzw. Lernen mitwirkten. Sie hatten gemeinsam mit drei anderen Schülern den Sketch erarbeitet und die Rollen so verteilt, dass die sprachlich Kompetenteren auch die höheren Sprechanteile hatten. Zudem ersann die Gruppe kleine Tricks, um bei Texthängern den Faden leichter wieder aufnehmen zu können. So klebten sie den „Eltern" Textblätter auf den Rücken, die „Mutter" auf dem Beifahrersitz schaute ab und zu in die aufgeschlagene Zeitung ... Mit zunehmender Übung wurden diese Hilfsmittel jedoch überflüssig.

Ein Schüler, der sich am Englischunterricht normalerweise kaum beteiligte, sprach in der Polizeiuniform laut und deutlich und artikulierte sich in ganzen Sätzen. Das Beispiel zeigt, dass Schüler beim darstellenden Spiel über sich hinauswachsen und oft unerwartete Leistungen erbringen können. Für den inklusiven Englischunterricht ist das *English Theatre* daher ein wertvoller Baustein, der die Anforderungen und Erwartungen an das gemeinsame Lernen am gemeinsamen Gegenstand auf hervorragende Weise einzulösen hilft.

3.8 Reading House

Die Einrichtung regelmäßiger *Reading House*-Stunden bietet gute Möglichkeiten, Schülern attraktive und differenzierte Leseangebote zu machen. Da auf diese Weise individuelle *reading skills* und die Lesemotivation der Lernenden nachhaltig gefördert werden, sollte das *Reading House* bereits im Jahrgang 5 eingeführt werden.

Dazu wird in der *English Corner* eine kleine Bibliothek mit englischsprachigen, ggf. didaktisch aufbereiteten Kinder- und Jugendbüchern bereitgestellt. Damit eine echte Auswahl möglich ist, sollten etwa 30–40 Titel angeschafft werden, die verschiedene für die Altersgruppe interessante Themen abdecken (*fictional* und *non-fictional texts*) und sich vom Umfang und sprachlichem Anspruchsniveau her deutlich unterscheiden. Es dient der Orientierung, wenn die Bücher nach

3. Bausteine des inklusiven Englischunterrichts

aufsteigendem Schwierigkeitsgrad sortiert und entsprechend gekennzeichnet sind. Für Schüler mit wenig ausgeprägter Lesekompetenz werden hübsch illustrierte Bilderbücher mit kurzen englischen Untertiteln vorgehalten. Dazu werden von *native speakers* besprochene Cassetten oder CDs angeboten, so dass die Texte auch angehört werden können. Sollte die Anlage einer eigenen Klassenbibliothek nicht möglich sein, stellt jeder Jahrgang eine Bücherkiste zusammen, die reihum ausgeliehen werden kann.

Eine Englischstunde pro Woche wird für das *Reading House* reserviert. In dieser Zeit wählen die Schüler je nach Interesse und Sprachkompetenz ein Buch für die stille Lektüre aus und lesen in Ruhe. Sie erhalten einen Laufzettel mit der Zeichnung eines Hauses (*Reading House,* siehe S. 78), in dem jedes Fenster für ein Buch aus der Bücherkiste steht. Für jedes gelesene Buch markiert der Schüler das entsprechende Fenster. Ist die Lektüre beendet, wählt er das nächste Buch aus.

Viele Lektüren verfügen über ein kleines Bildlexikon im Anhang, mit dessen Hilfe Schüler sich recht selbstständig die Inhalte der Geschichten erschließen. Überdies werden in der *English Corner* verschiedene *dictionairies* bereit gestellt (Bildwörterbücher und Schülerwörterbücher bis hin zum Online-Nachschlagewerk), in denen unbekannte Ausdrücke und Begriffe nachgeschlagen werden können. So machen die Lernenden sehr schnell die befriedigende Erfahrung, dass sie schon Englisch verstehen. Wenn sie Bücher nach Interesse auswählen und in ihrem eigenen Tempo lesen dürfen, entwickeln Schüler vielfältige Lesestrategien:

- Wörter vom Kontext her erschließen: Sie erkennen aus dem Zusammenhang, dass *and* Zusammengehöriges ausdrückt oder *very* eine Eigenschaft hervorhebt.
- Wörter vom Bild her erschließen: Sie erkennen die Bedeutung vieler Verben wie z. B. *jump* oder *open* auf Grund der Illustrationen.
- Wörter von Ähnlichkeiten im Wort- oder Klangbild her erschließen: Sie erkennen, dass *name* Name bedeutet oder *hair* Haar.
- Auf Vorkenntnisse zurückgreifen: Wörter wie *girl* oder *boy* sind aus der Pop-Musik bekannt *(Back Street Boys/Spice Girls).*
- Selbstständig Regeln bilden: Kinder unterscheiden unbewusst zwischen bestimmtem und unbestimmtem Artikel und erahnen, dass der Plural durch Anfügen von -s gebildet wird: *ear – ears.*

Kopiervorlage

Name: _____ Class: _____ Date: _____

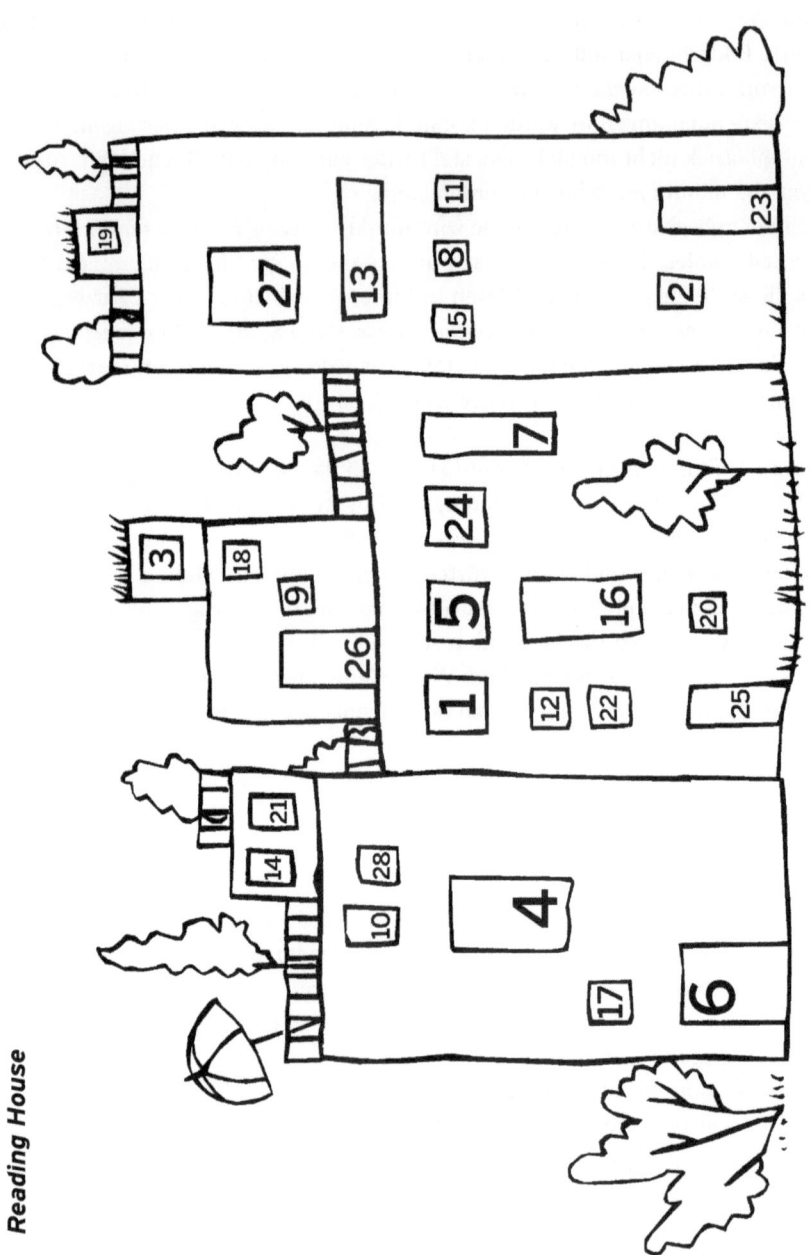

Reading House

Kopiervorlage

Name: _____ Class: _____ Date: _____

Reading log

What is the title of the book?
_____

What is the name of the author? What do you know about him?
_____
_____

What kind of story is it?
_____

Who is/are the main character/s?
_____
_____

Where and when does the action take place?
_____
_____

Write a summary of the events.
_____
_____
_____
_____

Please write a short text and give reasons! What I liked best…/
What I did not like…/My favourite scene…/My favourite character …
_____
_____
_____
_____

Why I (don't) recommend this book:
_____
_____

© 2014 Cornelsen Schulverlage GmbH, Berlin. Alle Rechte vorbehalten.

3. Bausteine des inklusiven Englischunterrichts

Am Anfang stehen Lesespaß und Erfolgserlebnisse („Ich kann schon englische Bücher lesen!") im Mittelpunkt und werden nicht durch die Bearbeitung schriftlicher Aufgaben gebremst. Auch wird niemand genötigt, sich in der Zielsprache über die Lektüre zu äußern. Vielmehr dürfen die Schüler das Lektüre-Angebot so lange rezipieren, bis sie von sich aus Bereitschaft zeigen, über ein Buch sprechen zu wollen. Erst nach und nach werden flankierende Aufgabenformate angeboten, in denen eingeführte Sprachstrukturen geübt werden.

Schüler in höheren Jahrgängen bereiten im Unterricht oder zu Hause Buchvorstellungen vor (*Book reports*) und führen Lesetagebücher (*Reading logs*, siehe S. 79).

Kreative Aufgaben können unterschiedliche Lerninteressen ansprechen und Schüler auf vielfältige Weise motivieren: Einige wählen eine Textpassage aus und zeichnen dazu einen Comicstrip, andere verfassen einen Brief an den Autor. Manche schreiben das Ende der Geschichte um, verfassen einen inneren Monolog des Protagonisten oder gestalten eine Collage zu ihrer Lieblingsszene. Möglich ist auch, persönliche Fragen zum Text zu formulieren oder eine kritische Buchbesprechung zu verfassen. Entscheidend ist die Bereitstellung einer Aufgabenvielfalt, aus der alle Schüler individuell wählen und ein für sich geeignetes Angebot annehmen können.

Somit kann das *Reading House* im Rahmen des inklusiven Englischunterrichts ein geeignetes Lernangebot für alle Altersstufen darstellen, das Schüler mit unterschiedlichen Lernvoraussetzungen, Lesekompetenzen und Interessen anspricht. Es ist beeindruckend zu sehen, wie motiviert die meisten Lernenden englische Bücher lesen und wie sehr sie durch ihre Lernerfolge angespornt werden. Schon in Klasse 5 können alle Schüler wichtige Könnenserfahrungen machen, wenn die Lektüre kindgerecht ist, Aufforderungscharakter besitzt, an ihre Interessen anknüpft und selbstständig bewältigt werden kann.

3.9 Lerntheke und Freiarbeit

Englischunterricht in sehr heterogenen Lerngruppen setzt zwar als generelle Leitlinie auf das gemeinsame Lernen am gemeinsamen Gegenstand. In hohem Maße und angemessenem Umfang sind jedoch auch Zeiten für geeignete Lernarrangements unverzichtbar, in denen die Schülerinnen und Schüler selbstständig und eigenverantwortlich an ihren individuellen Lernaufgaben arbeiten können. Auf Grund der großen Bandbreite ihrer Voraussetzungen, Leistungsmög-

3. Bausteine des inklusiven Englischunterrichts

lichkeiten und Lernwege ist Unterrichtszeit erforderlich, während der die Lernenden innerhalb des von der Lehrkraft pädagogisch gestalteten Rahmens entscheiden können, ...

- **welche und wie viele Aufgaben sie bearbeiten:** Sie wählen das Thema und ein Material, das ihren Lernbedürfnissen am besten entspricht, legen fest, welchen Schwierigkeitsgrad die Aufgaben haben und welche Lernwege angesprochen werden sollen. Wichtig ist, dass alle Schüler ein passendes Angebot erhalten, das sie in ihrer individuellen Lernentwicklung weiterbringt und beim Aufbau sprachlicher Kompetenzen unterstützt.
- **wie viel Arbeitszeit sie darauf verwenden wollen:** Sie arbeiten nach individuellem Tempo und so lange wie nötig, so dass niemand unter Zeitdruck gerät. Sie legen auch fest, wie oft sie eine Übung durchführen. Entscheidend ist, dass jeder Lernende seine Aufgaben möglichst vollständig abschließt, indem er seine Arbeit mit einem Kontrollblatt o. Ä. überprüft.
- **ob sie alleine oder mit einem Partner arbeiten:** Manche Übungen und Themen erfordern die ganze Konzentration des Lernenden auf die Sache, bei anderen Aktivitäten ist der Partner gefragt, mit dem man in englischer Sprache kommuniziert und zu Lösungen kommt. Entscheidend ist, dass beide produktiv zusammen lernen können.
- **wo sie arbeiten wollen:** Am eigenen Pult, an Arbeitsplätzen außerhalb der Klasse (Flur, Gruppenraum, Bibliothek …), mit einem Arbeitsteppich auf dem Fußboden etc. Entscheidend ist, dass jeder Schüler die für ihn geeignete Arbeitsmöglichkeit vorfindet und dass trotz der allgemeinen Bewegungsfreiheit der Schüler niemand beim Lernen gestört wird.

Auf diese Weise ist in diesen Unterrichtsphasen ein Höchstmaß an innerer Differenzierung gewährleistet. Sie wird aber nicht durch die Ausarbeitung bis zu 30 individueller Arbeitsprogramme erreicht, was eine völlige Überforderung der Lehrkraft bedeuten würde, sondern durch die Bereitstellung eines breit gefächerten Angebotes vielfältiger Materialien und Arbeitsmöglichkeiten auf unterschiedlichem Anspruchsniveau.

Die Schüler lernen ihre Interessen wahrzunehmen und ihre fachlichen Kompetenzen einzuschätzen: Wenn sie das jeweils Passende auswählen, verläuft ihr Lernprozess meist erfreulich und erfolgreich, Über- oder Unterforderung werden vermieden.

3. Bausteine des inklusiven Englischunterrichts

Die Lernenden entwickeln Toleranz und zeigen Rücksichtnahme: Da es selbstverständlich ist, dass alle Mitschüler an unterschiedlichen Aufgaben und Übungen arbeiten, treten Konkurrenz und Wettkampf gegeneinander weniger in Erscheinung, dafür Interesse aneinander und Verständnis für andere.

Indem die Schüler ihre Arbeit selbstständig planen, organisieren, reflektieren und dokumentieren, übernehmen sie Verantwortung für ihren Lernprozess.

Die Lernenden arbeiten zwar sehr individuell, verlieren dabei aber nicht den Bezug zur Gruppe.

Nachdem die pädagogischen Vorzüge offener Arbeitsformen für den inklusiven Englischunterricht skizziert wurden, sollen diese Lernarrangements nun konkretisiert werden: Dabei wird unterschieden zwischen Lernsituationen, die sich eher kurzfristig und spontan arrangieren lassen (z.B. Lerntheke), und solchen, die längerfristig vorbereitet werden und fest im Stundenplan verankert sind (z.B. Freiarbeit).

Lerntheke

Die Lerntheke eignet sich gut als Einstieg in freie, individualisierende Arbeitsformen, auch im Rahmen des inklusiven Englischunterrichts. Vorbereitung und Durchführung sind nicht so aufwändig und das Thema ist eng begrenzt, daher setzt sie keine langfristige Planung oder hohen zeitlichen Einsatz voraus. Dennoch werden die wesentlichen Kriterien offener Lernarrangements erfüllt und ihre potenziellen Vorzüge realisiert.

Zur Vorbereitung einer Lerntheke werden unterschiedliche Materialien und Aufgaben zu einem Thema zusammengestellt und auf der „Theke" ausgelegt. Dazu können Fensterbänke im Klassenraum genutzt oder freie Schülertische aneinander gerückt werden. Als möglicher Richtwert für die Menge der angebotenen Aufgaben gilt: Anzahl der Schüler geteilt durch 2. Je größer die Auswahl, desto vielfältiger und interessanter die Arbeitsmöglichkeiten. Eine zu geringe Auswahl führt oft zu Engpässen bei besonders beliebten Aufgaben und Materialien.

Die Lernangebote sind möglichst attraktiv und berücksichtigen unterschiedliche Anforderungsniveaus und Zugangsweisen. Sie decken das ganze Spektrum der Lerninteressen und Leistungsmöglichkeiten ab und regen unterschiedliche Aktions- und Sozialformen an. Die einzelnen Aufgaben bauen nicht zwingend aufeinander auf, Auswahl und Reihenfolge der Bearbeitung sind freigestellt. Eine kleine Anzahl von Pflichtaufgaben kann verbindlich festgelegt werden. Die

3. Bausteine des inklusiven Englischunterrichts

Lernangebote sollten zwar verschieden, aber gleichwertig sein. Daher erfolgt auch keine Zuschreibung in Form von Aufgaben nur für leistungsstarke oder nur für leistungsschwache Schüler. Der Schwierigkeitsgrad jeder Aufgabe ist ausgewiesen und grundsätzlich steht ihre Bearbeitung jedem Schüler frei.

Das Lernangebot sollte auch optischen Aufforderungscharakter haben. Das heißt: Über die Lerntheke wird z. B. ein schönes Tischtuch gedeckt. Arbeitsblätter werden in ansprechenden Plastik- oder Holzschalen aufbewahrt und übersichtlich präsentiert. Auf dem Boden der Schale liegt ein Lösungsbogen, der den Schülern zur Selbstkontrolle dient. Alternativ werden pro Aufgabe zwei Lernende bestimmt, die nach entsprechender Vorbereitung durch die Lehrkraft als „Experten" den Auftrag haben, die Arbeiten der Mitschüler zu kontrollieren. Wer eine Aufgabe beendet hat, wendet sich also an die entsprechenden Experten mit der Bitte um Durchsicht und Rückmeldung.

> Auf diese Weise erhält z. B. **Anna** die wertvolle Chance, dank gezielter Vorbereitung und Unterstützung ihrer Lehrkraft, Expertin für ein Thema oder eine Aufgabe zu sein. So macht sie die für sie wichtige Erfahrung, dass sie nicht immer und grundsätzlich die leistungsschwache Hilfeempfängerin ist, sondern in Teilbereichen durchaus auch Wissensvorsprünge gegenüber anderen haben kann. Dies wirkt sich positiv auf ihr Selbstwertgefühl aus und fördert ihre Lernmotivation nachhaltig.

Ein wesentlicher Vorzug der Lerntheke ist es, dass sie sich gut im Rahmen einer Einzel- oder Doppelstunde organisieren lässt, aber auch auf mehrere Englischstunden ausgedehnt werden kann. Je mehr Zeit zur Verfügung steht, desto eher sollte ein Laufzettel die Orientierung erleichtern und die Arbeit der Schüler strukturieren helfen. Dieser kann verbindliche Pflichtaufgaben und fakultative Wahlaufgaben ausweisen und mit einer Rubrik für erledigte Aufgaben den Stand der Arbeit festhalten. Solche Instrumente sollten so gestaltet sein, dass sie auch von Kindern mit besonderem Förderbedarf eigenständig zu handhaben sind.

In den vorgesehenen Englischstunden arbeiten die Lernenden an ihren Aufgaben und nutzen dabei die verschiedenen Wahlmöglichkeiten, mit denen sie allerdings sehr verantwortlich umgehen müssen. Die Lehrkraft hat bei der Lerntheke in der Regel die Zeit und den Freiraum, die Klasse beim Lernen zu beobachten, einzelne Schüler zu unterstützen und für eine gute Arbeitsatmo-

3. Bausteine des inklusiven Englischunterrichts

sphäre zu sorgen. Es ist wichtig, auch lernbeeinträchtigte Schüler darin zu bestärken, von ihrer Wahlfreiheit Gebrauch zu machen.

> Manchmal ist es erforderlich, **Finn** und **Lena** in ihrem Entscheidungsprozess zu unterstützen und sie gezielt zu fragen, welches Thema sie interessiert, ob man ihnen eine Aufgabe empfehlen soll etc. Es müssen auf jeden Fall interessante Aufgaben vorbereitet werden, die sie weitgehend ohne Hilfen bearbeiten können.

Nach individualisierenden Arbeitsphasen ist es wichtig, den Bezug zur Gruppe wieder herzustellen. Dies kann in Form einer kurzen Vorstellungsrunde geschehen, in der Lernende sich gegenseitig berichten, was sie gelernt haben. Das kann ihr Selbstbewusstsein stärken und das Gelernte nochmals vertiefen. Mitschüler werden so zu neuen Arbeitsvorhaben angeregt und man erfährt mehr voneinander. Es ist besonders wichtig, dabei immer auch gezielt Kinder einzubeziehen, denen das Lernen nicht so leicht fällt, damit auch ihre Arbeit Interesse, Anteilnahme und Wertschätzung der Klasse erfahren kann!

Als Beispiel für eine Lerntheke zum Thema *Christmas* finden Sie auf den Seiten 85 bis 89 mehrere Kopiervorlagen.

Freiarbeit

Was zur Lerntheke gesagt wurde, gilt im Wesentlichen auch für die Freiarbeit, insbesondere in Bezug auf die Vorbereitung und den Ablauf einer Freiarbeitsphase. Die Arbeit mit der Lerntheke kann auf die komplexere und anspruchsvollere Freiarbeit vorbereiten und in relevante Arbeitstechniken einführen. Sie kann bei passenden Anlässen (als Weihnachtswerkstatt, vor Halloween) oder zu bestimmten Zwecken (Üben der unregelmäßigen Verben, Wiederholung der *tenses* etc.), aber auch neben der Freiarbeit ihren Platz haben.

Im Gegensatz zur Lerntheke erfordert die Freiarbeit eine längerfristige und umfassende Vorbereitung. Sie ist fest im Stundenplan verankert und stellt damit eine verlässliche Arbeitszeit dar, in der die Schüler ihren Interessen und Lernaufgaben nachgehen können. Während die Lerntheke meist im zeitlichen Rahmen von einer bis einigen wenigen Unterrichtsstunden stattfindet, in dem das Rahmenthema angemessen bearbeitet werden kann, findet Freiarbeit regelmäßig in ein bis zwei Englischstunden pro Woche statt, die auch entsprechend im Stundenplan ausgewiesen sind.

Kopiervorlage

Name: _____ Class: _____ Date: _____

Christmas-Workshop from _____ to _____

Workplan

Please choose from these activities:	OK
Löse eines der Rätsel zum Wortfeld „Christmas".	
Lies mindestens einen der Texte zum Weihnachtsfest (Niveau *, ** oder ***).	
Höre das Lied „Jingle bells" und setze die fehlenden Begriffe im *Worksheet* ein.	
Schau dir das Buch vom *Snowman* an und höre dazu die Geschichte auf CD.	
Bilderrätsel: Vergleiche zwei Bilder von *Father Christmas* und kreise acht Unterschiede ein.	
Lerne das Gedicht („My Snowman" oder „Father Christmas") auswendig und trage es vor.	
Bastele dir mit Hilfe der Vorlagen eine *Christmas card*.	
Male das Mosaik in den richtigen Farben aus. Was erkennst du?	
Schreibe alle *Christmas words* vom *Worksheet* in dein Vokabelheft und suche die deutschen Bedeutungen.	
Suche am PC nach englischsprachigen Schülerseiten zum Thema „Christmas" und berichte, was du gefunden hast.	
Male die Engel-Vordrucke aus und gestalte eine schöne Deko für die Klasse.	

Kopiervorlage

Name: _____ Class: _____ Date: _____

Christmas-Workshop from _____ to _____

A Christmas Card

- Cut out of your sheet the three sides for the little window.
- Cut out one picture (Christmas sock or Santa Claus).
- Glue the picture in the window.
- Write **Merry Christmas** at the top of the card.
- Colour the card.

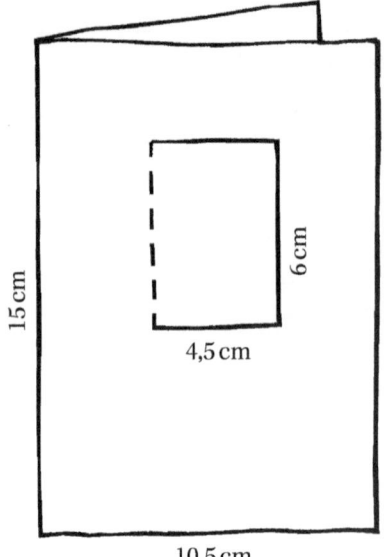

Kopiervorlage

Name: _____ Class: _____ Date: _____

Christmas-Workshop from _____ to _____

Christmas Words
Do you find 13 christmas words?

L	W	A	G	U	O	D	V	B	E
W	I	X	K	C	Y	U	I	M	T
A	N	G	E	L	G	H	E	J	O
A	T	S	V	W	H	Y	O	P	Y
B	E	R	U	M	S	T	A	R	S
X	R	L	M	O	I	W	C	E	B
Q	T	S	N	O	W	I	P	K	L
B	E	T	Z	K	O	N	R	V	C
E	H	C	A	N	D	L	E	A	P
L	K	H	O	U	T	V	S	E	U
L	I	O	S	T	X	L	E	I	D
S	M	C	E	U	H	C	N	W	D
U	N	O	T	G	T	X	T	Q	I
H	O	L	S	W	R	E	A	T	N
C	R	A	C	K	E	R	S	B	G
K	S	T	Z	P	E	N	U	Q	H
S	W	E	X	A	D	F	G	P	R

_____

_____

_____

_____

_____

_____

_____

_____

Name: _____ Class: _____ Date: _____

Christmas-Workshop from _____ to _____

Poems and Christmas Song

My Snowman
My Snowman is so big and cold.
His broom is brown, his hat is old.
His nose is red, his eyes are black.
His name is written on the back.

Father Christmas
Who is that riding through the night,
With his coat so red and his beard so white,
With a sack full of toys for a day full of joys?
He's a friend of the children and a friend of the poor.
It's Father Christmas, I am sure.

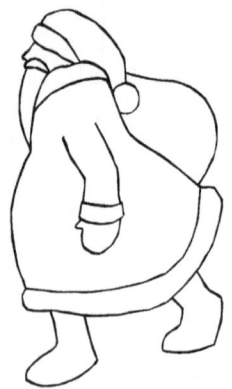

Jingle Bells

Jingle Bells, jingle bells, jingle all _____,

oh, what _____ it is to ride in a one-horse open sleigh

Dashing through _____ in a one-horse open sleigh,

o'er the fields we go, laughing _____

Bells on _____ ring, making spirits _____

What fun it is to ride and sing a sleighing song tonight. Oh!

Jingle Bells, jingle bells, jingle all the way,

oh, what fun it is _____ in a one-horse open sleigh.

Name: _____ Class: _____ Date: _____

Christmas-Workshop from _____ to _____

Differences

3. Bausteine des inklusiven Englischunterrichts

Diese können reine Englisch-Freiarbeitsstunden sein, in denen ausschließlich mit fachspezifischen Materialien, Aufgaben und Übungen gearbeitet wird. An vielen Schulen ist es aber inzwischen üblich, dass sich mehrere Fächer an der Freiarbeit beteiligen und die Lernenden mehr oder weniger frei wählen, für welches Fach sie sich jeweils entscheiden. Dadurch ergeben sich mehr Freiräume und Wahlmöglichkeiten für die Schüler, aber für viele stellt es auch eine entsprechend größere Herausforderung dar, sich in dem vielfältigen Lernangebot zu orientieren und verantwortlich für Aufgaben zu entscheiden. Es ist daher sinnvoll, mit Blick auf die jeweilige Lerngruppe nach geeigneten Formen freier Arbeit zu suchen und die allmähliche Entwicklung der benötigten Kompetenzen zu fördern.

	MO	DI	MI	DO	FR
1	Klassenrat	FA Deutsch	FA Gesellschaft	FA Mathe	FA Englisch
2	Religion	FA Deutsch	FA Gesellschaft	FA Mathe	FA Englisch
3	Deutsch	Kunst	Englisch	Deutsch	Gesellschaft
4	Deutsch	Kunst	Englisch	Religion	Musik
5	Mathe	Sport	Mathe	Arbeitslehre	Musik
6	Biologie	Sport	Biologie	Arbeitslehre	Sport

Dunkel hinterlegte Stunden = Freiarbeitszeiten

In diesem Beispiel bieten die Fächer Deutsch, Englisch, Mathematik und Gesellschaft jeweils zwei Stunden Freiarbeit pro Woche an. Die Fachlehrkräfte bereiten dazu ein differenziertes Lernangebot vor, aus dem die Lernenden ihre Aufgaben wählen. Dieses Angebot ist so breit gefächert, dass jeder geeignete Übungen und Lernmaterialien findet, mit denen er seine fremdsprachlichen Kompetenzen weiterentwickeln kann. Es ist unverzichtbar, dass Englisch-Freiarbeit und Englisch-Fachunterricht inhaltlich eng miteinander verknüpft sind. Fremdsprachliche Lernangebote werden daher so vorbereitet, dass sich die jeweilige Arbeit in den Bereichen Wortschatz, Grammatik, Lektüre oder Landeskunde ergänzt und beide Unterrichtsformen stimmig miteinander verzahnt sind.

Bei der Planung der ca. vierwöchigen, an den Unterrichtsthemen orientierten Freiarbeitsphasen werden die Inhalte auf Freiarbeit und Fachunterricht verteilt: Im Fachunterricht finden vor allem Aktivitäten statt, die sich sinnvollerweise in der Gruppe bearbeiten lassen, wie etwa die Einführung oder Analyse von Texten, lautes Lesen und Vorlesewettbewerbe, gemeinsame Bewegungs-, Rollen-

3. Bausteine des inklusiven Englischunterrichts

und Lernspiele, das Singen englischer Songs oder das Besprechen von Klassenarbeiten. Die Freiarbeit eignet sich für stille Lektüre, kooperative und kommunikative Sprachübungen, individuelle Wortschatz- und Grammatikarbeit, das Schreiben freier Texte oder für englische Gesellschaftsspiele.

In diesem Zusammenhang sind geeignete Formen der Leistungsdokumentation erforderlich, damit die Schüler den Überblick behalten und wissen, ...
- welche Lernangebote überhaupt zur Verfügung stehen,
- welche Leistungen von ihnen im angegebenen Zeitraum erwartet werden (Pflichtaufgaben),
- welche fakultativen oder alternativen Leistungen erbracht werden können (Wahlpflicht- und Wahlaufgaben),
- welche Aufgaben sie schon bearbeitet haben und wie diese bewertet wurden,
- welche Aufgaben noch zu bearbeiten sind.

Freiarbeitspläne wie im folgenden Beispiel können für Transparenz und Orientierung sorgen (Was kann/soll ich tun? Was sind die fachlichen Anforderungen?) sowie Ansporn (Was habe ich schon geschafft? Was muss ich noch leisten?) und Rückmeldung (Wie habe ich gearbeitet?) geben.

Zum Umgang mit Freiarbeitsplänen im inklusiven Englischunterricht ist anzumerken:
- Lernende mit sonderpädagogischem Förderbedarf möchten in der Regel keine eigenen Sonder-Arbeitspläne und wollen nicht durch „Extrawürste" auffallen. Diesem berechtigten Wunsch sollte man, wann immer das pädagogisch sinnvoll und möglich ist, nachkommen.
- Die Anzahl der Pflichtaufgaben sollte so klein gehalten werden, dass alle Lernenden sie in der vorgesehenen Zeit erfolgreich bewältigen können.
- Die Auswahl an Wahlpflicht- und Wahlaufgaben sollte so differenziert gestaltet sein, dass alle Schüler geeignete Herausforderungen für sich finden.
- Formulierungen wie „Wähle mindestens zwei Aktivitäten" machen deutlich, dass man den Anforderungen genügt, wenn man zwei Aufgaben bearbeitet. Selbstverständlich darf man auch mehr tun und über diese Zahl hinausgehen.
- Die Vielfalt der wählbaren Aktivitäten erlaubt es jedem Lernenden, eine seinen Interessen und Fähigkeiten entsprechende Aufgabe (von „Male ein Bild" bis hin zu „Schreibe einen Text") zu finden.
- Schülerinnen und Schüler können also die Qualität und Quantität der von ihnen bearbeiteten Aufgaben individuell gestalten.

3. Bausteine des inklusiven Englischunterrichts

Free Work English from _____ to _____	
Aufgaben/Material	erledigt
1. Pflichtaufgabe *My home* Gestalte ein Bild und schreibe dazu einen kleinen Text über dein Zuhause, die Straße, die Nachbarn und was es in der Gegend so gibt.	
2. Wahlpflichtaufgaben (Wähle mindestens zwei Aktivitäten) *Parts of the body* Male ein Monster und beschrifte seine Körperteile (wie in TB A2 p. 33). Lerne die Körperteile mit den Bildkarten. Beschrifte das Arbeitsblatt *Mr/Mrs Perfect*. Bearbeite im *workbook* A3 p.18 und A4 p.19. Spielt zu zweit das *body game* (Würfelspiel).	
3. Wahlaufgaben Lies den Text TB 2A1 (p.32) und löse das Rätsel dazu im WB 2A1 (p.17). Spielt zu zweit mit den *action cards*. Suche dir ein interessantes Buch aus der Klassenbibliothek und berichte darüber im Stuhlkreis. Hört zu zweit den Text *My home* auf CD an und lest ihn dann mit verteilten Rollen. Übe die neuen Vokabeln mit den *Words of the week*. …	

Wie dem Plan zu entnehmen ist, kommen in der Freiarbeit verschiedene Handlungs- und Sozialformen, Medien, Aufgaben und Lernmaterialien zum Tragen. Alle Arbeitsmöglichkeiten werden in offenen Regalen vorgehalten und möglichst nach ihrem Schwierigkeitsgrad gekennzeichnet. Eine eindeutige Beschriftung der Regalböden dient der Orientierung der Lernenden: Jedes Material hat seinen festen Platz und muss nach der Arbeit dorthin zurückgestellt werden.

3. Bausteine des inklusiven Englischunterrichts

3.10 Freiarbeitsmaterialien

Didaktische Materialien für die Freiarbeit sind ein wichtiges Lernangebot für den inklusiven Englischunterricht, insbesondere, wenn es sich nicht um gewöhnliche „Papier-und-Bleistift-Materialien" handelt, sondern um geeignete Arbeitsmittel, mit denen Schülerinnen und Schüler ...

- im engeren Sinne hantieren können, um Inhalte sinnlich zu erfassen und sie dadurch besser zu begreifen,
- sich Themen selbstständig erschließen und dabei
- Abstraktes leichter verstehen, weil es anschaulich dargeboten wird,
- motiviert arbeiten, weil diese Materialien interessante Handlungsoptionen beinhalten,
- ihren eigenen Lernerfolg selbstständig überprüfen können.

Solche Freiarbeitsmaterialien helfen dabei, abstrakte Regeln leichter und mit allen Sinnen zu verstehen, Vokabeln nachhaltiger zu lernen, Strukturen handlungsorientiert einzuüben und spielerisch zu vertiefen. Für Kinder mit Lernproblemen sind sie eine wichtige Hilfe, aber auch für leistungsstarke Schüler stellen sie einen besonderen Anreiz dar. Im Folgenden sollen einige bewährte Materialien für den inklusiven Englischunterricht exemplarisch vorgestellt werden.

Landeskunde: *New York sights*

Mit diesem von Schülern hergestellten Arbeitsmittel erschließen sich Lernende selbsttätig Grundkenntnisse der New Yorker Sehenswürdigkeiten, vertiefen ihr Wissen und trainieren dabei ihre Lesekompetenz.

Das Material besteht aus 10 Bildkarten mit den Ansichten berühmter *New York sights*. Dazu gehören 10 Wortkärtchen mit den Namen der Sehenswürdigkeiten und 10 Textkarten mit ihrer Beschreibung.

Die Texte können kurz und stichwortartig sein wie hier rechts. Eine schwierigere Variante der Textkarten finden Sie auf der Kopiervorlage S. 95.

The Empire State Building
- ist the tallest building in New York And the 15th tallesfin the world.
- is 1,250 feet high.
- has 102 floors.

3. Bausteine des inklusiven Englischunterrichts

Die Schüler legen die Bildkarten aus, lesen die Texte und ordnen diese sowie die Namenskärtchen entsprechend zu. Ein Lösungsbogen dient der Selbstkontrolle. Fortgeschrittene Schüler spielen mit diesem Material Quiz: Einer liest die Beschreibung der Sehenswürdigkeit vor, der andere nennt ihren Namen. War die Antwort korrekt, erhält er das Foto. Wer am Ende die meisten Fotos hat, gewinnt. Umfang und Anspruchsniveau der Texte können je nach Alter und Sprachkompetenz der Schüler variieren. Materialien dieser Art können auch von den Lernenden selbst erstellt werden.

The statue of Liberty

Grammatik: Das *present progressive*

Abstrakte Grammatik-Regeln stellen für viele eine echte Hürde dar. Enthalten die Formulierungen gar Fachbegriffe, mit denen man nicht hinreichend vertraut ist, können Strukturen oft nicht richtig verstanden und regelgerecht angewandt werden. Das hier vorgestellte Material soll helfen, durch einen handlungsorientierten Zugang die Besonderheiten und Unregelmäßigkeiten bei der Bildung des *present progressive* zu verstehen. Besagt etwa die Regel, dass der Endkonsonant nach betontem Vokal verdoppelt wird, so ermöglicht das Material, dies in eine Handlung umzusetzen: Der Schüler legt die Karten aus und fügt dabei an das Verb „*stop*" ein weiteres „*p*" sowie die Endung „*-ing*" an. Das erhöht die Chance, dass er diese Regel durch Be-greifen versteht und verinnerlicht. Das Material besteht aus insgesamt drei Kartensätzen:

- fünf Karten mit Verben, welche die *ing*-Form regulär bilden *(watch, play, sleep, work, speak)* und fünf kleineren Karten mit der Endung *-ing*,
- fünf Karten mit Verben, bei denen das stumme *-e* im Auslaut entfällt *(shine, ride, drive, dance, come)* und fünf kleineren Karten mit der Endung *-ing*,
- fünf Karten mit Verben, bei denen der Endkonsonant nach kurzem Vokal verdoppelt wird *(win, run, swim, stop, cut)*, fünf kleine Karten mit je einem Konsonant zur Verdoppelung und fünf kleineren Karten mit der Endung *-ing*.

Die Karten sind so eindeutig gestaltet, dass durch Anlegen der Endung *-ing*, das Einfügen der zu verdoppelnden Konsonanten bzw. das Verdecken des stummen „e" im Auslaut durch die Endung *-ing* korrekte Verbformen gebildet werden.

Name: _____   Class: _____   Date: _____

New York Sights

The Empire State Building   The Statue of Liberty
Fifth Avenue   Broadway
The Brooklyn Bridge   The Flatiron Building
Ellis Island   Ground Zero
Rockefeller Centre   Central Park

From 1892 to 1954 over 12 million immigrants from Europe passed through this place and into New York. For many of them it was hard to leave their homes to come to a strange country. So it was also called the "Isle of Tears". Today it is a museum.	This symbol of a new life in freedom was given to the city by the French in 1886. It was the first thing immigrants saw when they arrived. It is about 151 feet tall. With the elevator you get to the foot of the statue. From there you have to walk up the stairs to reach its crown.
This suspension bridge is 1,825 metres long. It was built over the East River to connect Manhattan and Brooklyn. The building was started in 1870 and it was opened in May 1883. Today it has six lanes for motorists and one lane for pedestrians and cyclists.	It is one of the largest parks in New York City and 4 km long. It is situated between Fifth and Eighth Avenues, right in the heart of Manhattan. It is famous for its big zoo and many New Yorkers go there to relax, walk, jogg or have a picnic. It is closed at night.
When it was finished in 1931, it was the tallest building in the world. It is about 1,250 feet high and has 102 floors. It still is the tallest building in NYC (until the new WTC is completed) and a symbol of this city. You have to climb 1,860 steps from street level to the upper floor.	It is not only a single building, but a business centre with 19 buildings. You have a spectacular 360° view from the observation deck, which is on the 70th floor. It is called "Top of the Rock", but hold on to your basecap – it is very windy up there!
It was built in 1902 and once was one of the first skyscrapers in New York. When you walk up Broadway it looks like an iron or like a big ship. The famous movie "Spiderman" was made there and today it still is one of the most interesting skyscrapers in NYC.	It is the longest street in New York (about 20 miles long) and one of the most famous streets in the world. It runs through two important boroughs: Manhattan and the Bronx. This street is famous for its large number of theatres and cinemas. It is also called the "Great White Way".
This is a famous shopping street in New York. It is very popular for its large number of great designer shops and trendy boutiques. If you are a millionaire you might want to live there. But be careful! It is one of the most expensive places in the world.	The World Trade Center (WTC) once stood here until it was destroyed by a terrorist attack on 9-11-2001. Two planes were crashed into the Twin Towers and 3,000 people died. Now a 9/11-Memorial, a museum and new WTC buildings are under construction on this site.

3. Bausteine des inklusiven Englischunterrichts

Die Kenntnis der Verlaufsform der Gegenwart im Englischen und die souveräne Anwendung der Regeln zur Bildung der *ing*-Form des Verbs stellen eine komplexe Aufgabe dar. Zunächst gilt es, ein generelles Verständnis für dieses grammatikalische Phänomen zu entwickeln und zu erkennen, wann diese Zeitform verwendet wird. Im Deutschen ist sie als rheinische Verlaufsform bekannt und daher von regional begrenzter Bedeutung. Ferner müssen Abweichungen von der Grundregel gelernt und entsprechende Formen des Verbs *to be* verwendet werden (*I am going, you are going, he/she/it is going*). Noch komplexer sind Verneinung und Fragebildung.

> Nachdem wir erkannten, dass **Anna** das Lernen damit viel leichter gelang, haben wir das Grundprinzip übertragen und ähnliche Materialien für die Bildung der anderen Zeitformen in der englischen Sprache entwickelt.

Viele Lernende tun sich schwer damit, wenn zu vieles auf einmal erfasst werden soll. Hilfreich ist es oftmals, komplexe Lernprozesse in einzelne Schritte zu zerlegen und dazu gesonderte Übungen und Materialien anzubieten, so dass die Schüler schrittweise zum Ziel gelangen. Das vorliegende Material ist ein Beispiel dafür: Die Schüler können selbstständig damit arbeiten, da es durch seine Eindeutigkeit einen Weg aufzeigt. Es genügt der Auftrag, die Karten „richtig" auszulegen, die zu Grunde liegende Regel zu entdecken und aufzuschreiben. Die Anwendung der korrekten Form von *to be* wird anschließend in einem weiteren Schritt geübt.

3. Bausteine des inklusiven Englischunterrichts

 Wortschatz: *Sports pictures* (Bildkarten zur Wortschatzerweiterung)

Mit diesem Material lernen die Schüler die englischen Namen wichtiger Sportarten kennen. Auf zwei Sätzen zu je 20 Bildkarten im DIN-A4-Format werden Fotos bekannter Sportarten gezeigt. Von jeder Sportart gibt es zwei Bilder: einmal mit der englischen Bezeichnung darunter, einmal ohne. Dazu gehört eine kleine Schale mit 20 Begriffskärtchen. Die Schüler legen die Bilder paarweise aus, suchen die entsprechenden Begriffskärtchen und legen diese auf die jeweilige Bildkarte. Wenn alle Karten korrekt zugeordnet wurden, können die Lernenden auf einem Arbeitsblatt die Begriffe (englisch oder deutsch) eintragen und lernen.

Dieses Material ist besonders für sportbegeisterte Schülerinnen und Schüler attraktiv. Bilder lassen sich aus alten Sportalben ausschneiden oder im Internet finden. Besonders gut kommen Fotos an, auf denen es etwas zu bestaunen oder zu lachen gibt (wilde Ringkämpfe, komische Gesichtsausdrücke, altmodische Sportkleidung o. Ä.). Manche Schüler arbeiten zu zweit und überprüfen gegenseitig ihre Ergebnisse.

Manche Begriffe und ihre Aussprache bringen Schüler bereits aus der Grundschule oder der medialen Sportberichterstattung mit. Die Aussprache neuer Lexeme kann durch die Lehrkraft in Einzelförderung oder im gebundenen Fachunterricht eingeführt werden. Interessant ist die Beobachtung, dass viele Schüler, wie z. B. Anna oder Lena, sehr erfolgreich lernen, wenn Bild und Begriff simultan abgespeichert werden können. Oft erarbeiten sie sich mit diesem Material mehr Vokabeln, als laut Lehrbuch „dran" sind. Ein Lösungsbogen zur Selbstkontrolle wird zur Verfügung gestellt.

Die Zahl der Bildkarten kann man leicht erweitern oder reduzieren, je nach Interessen und Lernvoraussetzungen der Schüler.

Kopiervorlage

Name: _____ Class: _____ Date: _____

Sports

Wie heißen die Sportarten auf Deutsch?

Englisch	Deutsch	Englisch	Deutsch
swimming		boxing	
running		volleyball	
cycling		handball	
wrestling		judo	
skiing		long jump	
ice-hockey		sailing	
tennis		gymnastics	
basketball		hockey	
football		horse-riding	
canoeing		rowing	

Wie heißen die Sportarten auf Englisch?

Englisch	Deutsch	Englisch	Deutsch
	Rudern		Tennis
	Schwimmen		Skilaufen
	Volleyball		Handball
	Fußball		Laufen
	Turnen		Radfahren
	Weitsprung		Eishockey
	Boxen		Kanufahren
	Ringen		Basketball
	Segeln		Hockey
	Reiten		Judo

3. Bausteine des inklusiven Englischunterrichts

Grammatik: Englischer Satzbau

Dieses Material unterstützt Lernende dabei, Einblicke in die Besonderheiten des englischen Satzbaus zu gewinnen und ihre Kenntnisse zu vertiefen. Einzelne Sätze, die aus dem Lehrwerk bekannt sein können, werden in ihre Bestandteile zerlegt und auf Sperrholztäfelchen oder Karton im Format 7 x 8,5 cm geschrieben. Als Regel gilt: ein bis zwei Worte pro Täfelchen. Die Holzplättchen eines Satzes werden mit einem Gummiring verbunden und in eine Schale gelegt. Anfangs sollte die Zahl der Sätze nicht mehr als etwa fünf betragen. Die Schüler breiten die Täfelchen satzweise vor sich auf dem Pult aus oder stecken sie in eine Steckleiste (ca. 50 cm x 5 cm x 2 cm mit einer 1,5 cm tiefen Nut).

Sie lesen die Worte laut vor und legen sie nach Sprachgefühl zu einem sinnvollen Satz aus. Durch Verschieben der Täfelchen können sie korrigieren. Dann schreiben sie den fertigen Satz ab und prüfen ihre Lösung mit einem Kontrollblatt. Leistungsstarke Schüler erhalten nur einen Hinweis auf die entsprechende Seite im Lehrwerk, wo sie die Lösung im Text ermitteln können.

Hier ein Beispiel für einen *jumbled sentence*: Die Bestandteile des Satzes lauten *Sally – London – planning – a trip – is – to*. Aufgabe ist: *Put the words in the right order and write the sentence.* Die Schüler sollen nun die Wörter in die richtige Reihenfolge bringen und den sinnvollen, grammatikalisch korrekten Satz bilden: *Sally is planning a trip to London.*

Solche Übungen stellen für viele Schüler eine große Hürde dar, da sie die zahlreichen Kombinationsmöglichkeiten zunächst in Gedanken durchspielen müssen, bevor sie ihre Lösung zu Papier bringen können. Einige Lernende lassen dabei einzelne Wörter versehentlich aus oder benutzen sie gleich mehrfach. Die Klippen sind zahlreich. Mit Hilfe dieses Materials lassen sich die verschiedenen Satzvarianten visualisieren, was denjenigen entgegenkommt, denen die entsprechende Vorstellungskraft fehlt.

Differenzierungsmöglichkeiten bieten sich dadurch, dass die Anzahl der Sätze oder der Satzbestandteile reduziert werden kann. Drei-Wort-Sätze sind schon in Klasse 5 möglich, eine Steigerung kann allmählich erfolgen. Da sich

3. Bausteine des inklusiven Englischunterrichts

mit mehreren aufeinander bezogenen Sätzen schon Inhaltsangaben erstellen lassen, kann eine weiterführende Aufgabe darin bestehen, die gebildeten Sätze in der richtigen Reihenfolge auszulegen. Eine Differenzierungsmöglichkeit nach unten besteht darin, Satzanfänge bereits vorzugeben.

Dialoge sprechen: *Going on holiday*

Das Material besteht aus 20 DIN-A4-Karten mit Sprechblasen, die sich mit gängigen Textverarbeitungsprogrammen gestalten lassen (siehe Kopiervorlage S. 101). Sie enthalten Fragen und Antworten zum Thema „Ferien" und zeichnen sich durch ihren großen Aufforderungscharakter und die Vielfalt möglicher Lernaktivitäten aus: Schüler können in Einzel-, Partner- oder Kleingruppenarbeit agieren, mit Magneten an der Tafel arbeiten oder die Karten auf einem Arbeitsteppich auslegen. Eine kleinere Version des Kartensatzes steht für die Einzelarbeit am Tisch bereit, ebenso ein Arbeitsbogen zur Verschriftung der Ergebnisse.

Der Arbeitsauftrag lautet, die Sprechblasen zu mischen und dann Fragen und Antworten korrekt zuzuordnen, indem man die entsprechenden Karten nebeneinander aufhängt bzw. auslegt. Die Leistungsanforderungen lassen sich individuell dosieren, indem Lernende z. B. die Anzahl der Fragen und Antworten langsam erhöhen und sich dabei von leichten zu komplexeren steigern. Weitere Arbeitsmöglichkeiten mit diesem Material sind:

- Während ein Schüler einige Karten vertauscht, schließt sein Partner die Augen. Anschließend muss dieser die richtige Reihenfolge wieder herstellen. Danach werden die Rollen getauscht.
- Während ein Schüler Antwortkarten umdreht, schließt sein Partner die Augen. Anschließend versucht dieser, die richtigen Antworten aus der Erinnerung heraus zu rekonstruieren. Danach werden die Rollen getauscht und die ganze Übung mit den Fragekarten wiederholt.
- Der Dialog wird mit verteilten Rollen vorgetragen, danach wird getauscht.
- Die Schüler schreiben den Dialog fehlerfrei in ihr Englischheft.
- Die Schüler benutzen die eingeführten Redemittel und Strukturen, um ihren eigenen Dialog zu entwickeln.

Finn liebt solche Aktivitäten, die ihm eine wortlose Kommunikation ermöglichen.

Name: _____ Class: _____ Date: _____

Going on holiday

- Where did you go on holiday?
- We went to England.
- Whereabout in England did you go?
- To a place near St. Ives in Cornwall.
- How did you get there?
- We went there by car.
- Where did you stay?
- We hired a static caravan on a campsite.
- Was it very busy?
- Yes, it is always crowded in summer.
- How long did you stay there?
- We stayed there for two weeks.
- What was the weather like?
- It was very nice.
- What did you do the whole day?
- Well, we often went to the sandy beaches.
- Did you go swimming at all?
- Yes, we did, but the water was freezing.
- Are you planning to go there again?
- Yes, definitely!

3. Bausteine des inklusiven Englischunterrichts

Leseverstehen: *Action cards*

Dieses Material dient der Förderung des Leseverstehens. Gruppen von zwei bis drei Schülern spielen zusammen. In einer kleinen Dose befinden sich 10 Papierstreifen mit jeweils einer Handlungsanweisung in englischer Sprache. Wenn diese Streifen mit einem Gummiring umwickelt sind und zum Lesen erst einmal aufgerollt werden müssen, erhöht dies die Spannung. Jüngere Schüler werden besonders durch humorvolle Aufträge motiviert.

Action cards besitzen großen Aufforderungscharakter für Schüler bis zum 7. Jahrgang. Die Arbeitsweise folgt dem Prinzip des *Total Physical Response* und kommt daher auch dem Schüler entgegen, der im Unterricht eher wenig spricht. Man zieht reihum eine Anweisung, liest sie und führt die Handlung aus. Manchmal genügt die pantomimische Andeutung, bei anderen muss auch gesprochen oder gesungen werden. Die Aufträge sollten nur bekanntes Wortmaterial enthalten, da das Nachschlagen im Wörterbuch den Spielfluss hemmt. Die Mitspieler achten darauf, dass die Anweisung korrekt umgesetzt wird. Das Angebot an selbst hergestellten Aufträgen kann beliebig erweitert und leicht auf die Schüler abgestimmt werden.

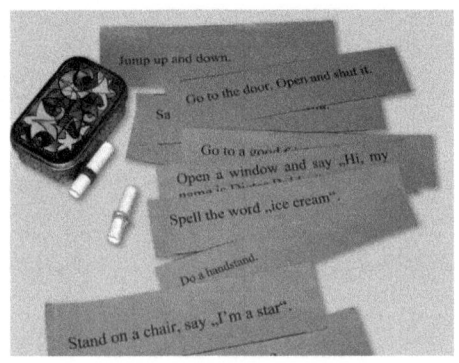

Das Uhrenspiel: *Clock exercise*

Das Uhrenspiel besteht aus 48 kleinen Holzplättchen und 48 großen Täfelchen sowie einer Leiste mit einer 1,5 cm tiefen Nut, in die bis zu fünf große Täfelchen nebeneinander eingesteckt werden können. 12 grüne Ziffernblätter zeigen die ganzen Stunden, gelb steht für die halben Stunden, rot für Viertel vor und blau für Viertel nach. Unter den Ziffernblättern sind die Uhrzeiten jeweils ausgeschrieben. Auf den kleinen Holzplättchen stehen nur die engli-

Kopiervorlage

Name: _____ Class: _____ Date: _____

Action cards

| Open the classroom door and say "Good night everybody". |

| Spell the word "Yorkshire Pudding". |

| Clean your best friend's desk. |

| Go to your teacher and say "hello". |

| Stand on your chair and say "I'll be Germany's next topmodel". |

| Walk around the room and say "mooooh". |

| Open a window and shout "School's over!" |

| Write on the blackboard: "I love school!" |

| Shake hands with two classmates. |

3. Bausteine des inklusiven Englischunterrichts

schen Wörter für die Uhrzeiten. Das gesamte Material wird in einem Kasten mit offenen Fächern aufbewahrt.

Wenn Schüler die englischen Zahlen 1–12 beherrschen und eine Uhr mit Ziffern lesen können, arbeiten sie selbstständig mit diesem Spiel und lernen, wie man die Uhrzeit auf Englisch sagt. Bei der Einführung zeigt die Lehrkraft, wie man zunächst vier bis fünf große Täfelchen mit den vollen Stunden nebeneinander in die Leiste steckt und die kleinen Begriffsplättchen zuordnet. Durch Herausziehen der großen Täfelchen ergibt sich die Selbstkontrolle.

Wenn die vollen Stunden sicher beherrscht werden, nehmen die Lernenden die Viertelstunden und schließlich die halben Stunden hinzu. Diese „Isolation der Schwierigkeit", d. h. das allmähliche Erweitern und Üben der Kompetenzen, gibt Schülern wie Anna Sicherheit und ermöglicht ihnen Erfolgserlebnisse. Sie können selbst entscheiden, wann sie ganze, halbe und Viertelstunden auch vermischt und simultan üben. Das Beherrschen der angestrebten Kompetenz (= die Uhrzeit auf Englisch benennen können) gelingt den meisten Schülern schon nach kurzer Zeit, so dass viele den Transfer auf Uhrzeiten wie fünf/zehn/zwanzig nach/vor etc. rasch leisten können.

Schreiben: sich vorstellen

Eigene englische Texte zu produzieren fällt vielen Schülern am Anfang schwer. Die erworbenen sprachlichen Mittel sind oft noch wenig verfügbar und die Angst vor Fehlern ist mitunter so groß, dass sie zu Schreibblockaden führt. Mit dem hier vorgestellten Satzbaukasten können die Lernenden auf ihrem Weg zum Verfassen freier Texte unterstützt werden, Sicherheit erlangen und Freude am Schreiben gewinnen. Das Material besteht aus sechs längeren Kartonstreifen mit Lückensätzen und einer Anzahl kleinerer Wortkarten in unterschiedlichen Farben.

Nachdem das Wortfeld *Introducing yourself* eingeführt wurde, ergänzen die Schüler in Einzelarbeit die Streifensätze mit Wortkarten, so dass die Textlücken individuell passend gefüllt werden. So erhalten die Schüler eine Selbstbeschreibung, die sie anschließend sauber

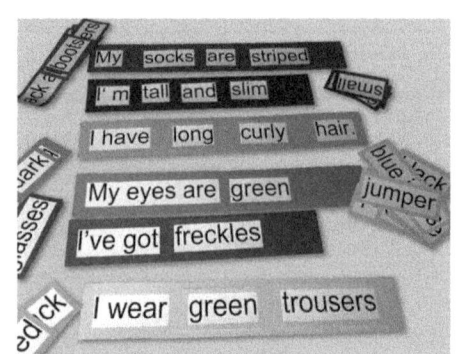

Kopiervorlage

Name: _____ Class: _____ Date: _____

Introducing yourself

1. My eyes are _____.
   (brown, green, blue, black)

2. I have _____ hair.
   (brown, blond, black, red)   (long, short, curly, straight)

3. I'm _____.
   (tall, small, sporty, big, slim)

4. I've got _____.
   (glasses, no glasses, freckles, a beard, no beard)

5. I wear _____.
   (a blue, white, red, brown, black, pink ... jumper,
   T-shirt, dress, jacket, skirt, blue jeans ...)

6. My _____ are _____.
   (socks, shoes, boots, trainers)   (striped, black and white)

7. I have _____.
   (brother/s, sister/s)

8. My hobby is _____.
   (dancing, football, inline skating, reading...)

9. I like for breakfast _____.
   (honey, jam, sausage, cheese, cornflakes...)

10. My best friend is _____.

© 2014 Cornelsen Schulverlag GmbH, Berlin. Alle Rechte vorbehalten.

in ihr Heft übertragen. Wenn alle einen Text über sich verfasst haben, werden diese im Plenum vorgetragen. Liest der Lehrer an Stelle der Schüler vor, ohne die Autoren zu nennen, wird daraus ein spannendes Ratespiel.

3.11 Kooperative Lernformen

Im inklusiven Englischunterricht ist auf eine Balance von gemeinsamen Lernphasen und individueller Förderung zu achten: So viel Gemeinsamkeit wie möglich und so viel Differenzierung wie nötig! Das pädagogische Pendel darf weder zu sehr nach der einen noch nach der anderen Richtung ausschlagen.

So muss der Unterricht einerseits die Vielfalt der individuellen Interessen, Lernwege und Voraussetzungen berücksichtigen und dafür sorgen, dass alle Lernenden ihre Kompetenzen weiterentwickeln können. In Klassen mit einer großen Bandbreite unterschiedlicher Begabungen ist daher eine angemessene Differenzierung der Lernangebote wichtig, so dass alle erfolgreich lernen können.

Schüler müssen aber auch lernen, andere in ihrer Eigenart zu achten und ihnen mit Wertschätzung zu begegnen. Sie müssen Toleranz gegenüber ihren Mitmenschen entwickeln und Rücksichtnahme praktizieren, Verständnis für deren Stärken und Schwächen aufbringen und solidarisch miteinander handeln lernen. Das heißt neben der individuellen Förderung der Schülerinnen und Schüler ist die soziale Entwicklung aller Mitglieder der Lerngruppe eine zentrale pädagogische Aufgabe. Überdies ist es so, dass gerade im Fach Englisch viele Lernerfahrungen ohnehin in soziale Prozesse eingebettet sind: Der Austausch im Medium der Zielsprache über für die Schüler relevante Themen, das Einüben und Anwenden englischer Strukturen in kommunikativen Lernsituationen und Aktivitäten etc.

Im inklusiven Englischunterricht bieten kooperative Lernformen eine besonders gute Möglichkeit, die beiden genannten pädagogischen Zielsetzungen unter Berücksichtigung der Vielfalt der Lernenden in der Gemeinsamkeit der Gruppe angemessen miteinander zu verknüpfen. Einige werden nachfolgend vorgestellt.

3. Bausteine des inklusiven Englischunterrichts

Partnerarbeit

Die einfachste Form des kooperativen Lernens ist wohl die Partnerarbeit. Sie erfordert meist nur wenig Vorbereitung und kann daher relativ schnell eingesetzt werden. Ziel ist es, dass zwei Schüler gemeinsam an einer Aufgabe arbeiten, wobei sie sich gegenseitig unterstützen und ergänzen. Es sollen möglichst beide ihren Beitrag zum Gelingen des Ganzen leisten, und nicht einer arbeiten, während der andere zuschaut. Ein Vergleich von Hausaufgaben oder Arbeitsergebnissen, die gegenseitige Überprüfung der Vokabeln, *information gap activities* oder das Lesen eines Dialogs mit verteilten Rollen sind geeignete Aufgaben für die Partnerarbeit.

Wichtig fürs Gelingen ist ein konstruktives Klassenklima, in dem die Partnerwahl ohne Ausgrenzungsprozesse verläuft. Dazu ist mit den Schülern immer wieder zu besprechen: Niemand muss mit jedem Mitschüler eng befreundet sein, aber in einer Klasse sollte jeder mit jedem arbeiten können. Die Bedeutung dieser Fähigkeit bis hin ins spätere Berufsleben sollte den Lernenden bewusst gemacht und die entsprechende Bereitschaft dazu von ihnen eingefordert werden. Dies gilt besonders für das Miteinander in Inklusionsklassen, wo dem Einzelnen mitunter ein höheres Maß an Verständnis und Toleranz abverlangt wird.

Um diese Grundhaltung zu befördern, kann es gerade am Anfang angebracht sein, die Sitzordnung der Klasse in regelmäßigen Abständen zu verändern. Wenn etwa alle drei Wochen abwechselnd Jungen oder Mädchen durch Los entscheiden, neben welchem neuen Tischnachbarn sie sitzen, fördert das die Bereitschaft, auch mit Kindern des jeweils anderen Geschlechts zu arbeiten sowie mit Mitschülern zu kooperieren, die vielleicht andere Stärken, Schwächen, Interessen und Lerngewohnheiten haben als man selbst. So lernt jeder nach und nach, wie er seine Mitschülerinnen und Mitschüler am besten unterstützt, wo ihre Stärken liegen oder wo besondere Rücksicht erforderlich ist.

Auch folgende Praktiken der Gruppenbildung unterstützen das Ziel, dass Schüler die Bereitschaft entwickeln, sich auf andere einzustellen und produktiv mit ihnen zusammenzuarbeiten. Die Erfahrung zeigt, dass Formen der Entscheidungsfindung nach dem Zufallsprinzip in der Regel sehr bereitwillig akzeptiert werden:

- Der Lehrer ruft jeweils zwei Schüler auf, die ein Tandem bilden und zusammenarbeiten: das sind z. B. der erste und der letzte Schüler im Alphabet, der zweite und der vorletzte ...

3. Bausteine des inklusiven Englischunterrichts

- Der Lehrer verfährt wie oben, beginnt aber in der Mitte, z. B. Nr. 14 und 15, Nr. 13 und 16 ...
- Es gibt für jeden Schüler ein Namenskärtchen. Eine „Glücksfee" lost damit die Paare aus.
- In einem vorbereiteten Kartenspiel kommt jede Karte zwei Mal vor. Die Schüler ziehen eine Karte und suchen ihren Partner.

Gelegentlich ist es sinnvoller, Teams so gezielt zusammenzustellen, dass zwei Lernende ein stabiles Arbeitsbündnis eingehen. Dies bietet sich z. B. an, wenn ein Schüler nur in einer vertrauensvollen persönlichen Beziehung erfolgreich lernen kann. Entscheidend ist, dass sich beide einig sind und aufeinander einlassen können. Dies ist oft bei befreundeten Schülern der Fall.

Erfahrungsgemäß ist im inklusiven Englischunterricht die Bildung heterogener Teams dem Lernfortschritt aller Schüler besonders zuträglich: Leistungsschwache profitieren von Leistungsstarken, weil sie durch deren Vorbild angeregt werden und ihre Erklärungen oft besser verstehen als die des Lehrers. Leistungsstarke Schüler festigen, wenn sie Mitschülern etwas erklären, eigenes Wissen und bilden wichtige soziale Kompetenzen aus. Wichtig ist, dass im Unterricht über sinnvolle Regeln der Zusammenarbeit sowie geeignete Formen des Helfens reflektiert wird. Bloßes Vorsagen und die Weitergabe fertiger Lösungen sollte vermieden werden. Schüler müssen lernen, anderen so zu helfen, dass diese sich künftig bei gleichen oder ähnlichen Aufgaben selber helfen können.

Andererseits entstehen aber immer wieder auch Lernsituationen, in denen die Bildung homogener Arbeitsgruppen bzw. die Zusammenarbeit etwa gleich starker Partner Vorteile mit sich bringt. Bei manchen Themen und Lernaktivitäten ist es also durchaus angebracht, ...

- wenn Mädchen und Jungen getrennt arbeiten,
- dass sich Schüler nach Leistungsstärke gruppieren,
- wenn Schüler mit gemeinsamen Interessen an einem Thema arbeiten.

Im Sinne eines förderlichen inklusiven Lernklimas ist bei kooperativen Lernformen wie der Partnerarbeit stets darauf zu achten, dass unterschiedliche Inhalte und Ergebnisse wieder in den gemeinsamen Unterricht einfließen, so dass alle voneinander wissen, an den Arbeiten ihrer Mitschüler teilhaben, von ihren Ergebnissen profitieren und mit diesen weiterarbeiten können. Dies ist besonders wichtig, wenn Schüler zieldifferent unterrichtet werden. Alle haben ein ns Recht darauf zu erfahren, was Mitschüler im Unterricht erarbeitet haben. Vielleicht interessiert sie das Thema auch und sie beschäftigen sich damit bei nächster Gelegenheit? So kann die Offenheit für und das Interesse aneinander nachhaltig gestärkt werden

Gruppenarbeit

Bei der Gruppenarbeit ist darauf zu achten, dass die Zusammensetzung der Teams möglichst heterogen ist. Bei Bedarf muss die Lehrkraft hier steuernd eingreifen, damit sich nicht etwa Gruppen bilden, die auf Grund ihrer Zusammensetzung nur wenig arbeitsfähig sind. Damit sich alle Lernenden aktiv beteiligen, ist es sinnvoll, bestimmte Rollen und Aufgaben zu verteilen. Andernfalls besteht die Gefahr, dass einige „Macher" die Arbeit einseitig bestimmen, während andere in die innere Emigration gehen und sich kaum einbringen. Im inklusiven Unterricht sollten die Schüler mit darauf achten, dass jeder eine ihm angemessene Rolle übernimmt: Moderator, Protokollant, Materialverwalter oder Zeitwächter. Es ist wichtig, dass auch weniger redegewandte Schüler eine wichtige Aufgabe übernehmen können und sich für das Gelingen der gemeinsamen Arbeit verantwortlich fühlen.

Von der Methode „nummerierte Köpfe" spricht man, wenn bei der Gruppenarbeit alle so intensiv und aufmerksam mitarbeiten, dass nachher jeder in der Lage ist, das Arbeitsergebnis im Plenum vorzustellen. Dazu wird jedem Schüler der Größe seiner Gruppe entsprechend eine Zahl zugewiesen, z. B. 1 bis 4. Dann wird per Los entschieden, wer die Ergebnisse präsentiert. Mit leistungsschwachen Schülern kann abgesprochen werden, dass sie auf Deutsch statt auf Englisch vortragen, oder dass sie sich einen Mitschüler zur Unterstützung wählen dürfen, mit dem sie diese Aufgabe teilen.

Innenkreis/Außenkreis

Diese auch als „Kugellager" bezeichnete Methode dient dem Austausch von Informationen und schafft eine angstfreie Gesprächsatmosphäre, in der sich alle unbefangen zum Thema äußern und kommunizieren können. Dadurch, dass sie relativ unbeobachtet vom Lehrer miteinander sprechen, werden auch zurückhaltende Schüler ermutigt, sich im mündlichen Gebrauch der englischen Sprache zu üben. Der Innenkreis/Außenkreis eignet sich besonders für das kommunikative *Warming-up* am Stundenanfang. Wichtig ist, dass der Lehrer nicht korrigierend in die Gespräche der Schüler eingreift.

3. Bausteine des inklusiven Englischunterrichts

Die Schüler bilden zwei gleich große Gruppen, die sich in einem Außen- bzw. Innenkreis gegenüber stehen oder sitzen (Stuhlkreis). Jeder spricht mit seinem Gegenüber so lange über das Thema, bis ein Signal ertönt. Daraufhin rücken alle im Außenkreis zwei Plätze im Uhrzeigersinn weiter, so dass sich neue Gesprächspartner finden. Dieser Vorgang wird beliebig oft wiederholt. Die Kommunikation im geschützten Raum motiviert besonders ruhige Schüler und dank des ritualisierten Ablaufs hat jeder einen Gesprächspartner, so dass für die Ausgrenzung einzelner kein Platz ist.

Die Wechsel können so gestaltet werden, dass sich zwei Schüler gegenseitig berichten, was sie mit dem letzten Gesprächspartner besprochen haben. So wird jeder für den anderen gewissermaßen zum Experten bzw. zur Informationsquelle, was das Selbstbewusstsein mancher Schüler besonders heben kann.

Gruppenpuzzle

Grundsätzlich sind alle Unterrichtsmethoden inklusionsfreundlich, bei denen Schüler sich gegenseitig unterstützen. Vor allem das Lernen durch Lehren (*peer tutoring*) hat sich zu einer wichtigen Säule des Englischunterrichts entwickelt, wobei sich die unterschiedlichen Kenntnisse und Kompetenzen der Schüler sowie auch methodisch bewusst herbeigeführte Informationslücken (*information gaps*) für das Lernen sinnvoll nutzen lassen. Für den inklusiven Englischunterricht ist jedoch bedeutsam, dass das Lernen durch Lehren keine Einbahnstraße darstellt, sondern möglichst auf Gegenseitigkeit beruht.

Zwar sind es in der Regel die Leistungsstarken, die ihren Mitschülern etwas erklären und sie unterstützen. Eine Kultur des gegenseitigen Sich-Helfens sollte aber so entwickelt werden, dass zunehmend auch schwächere Schüler in die Lage versetzt werden, andere an ihren eigenen Stärken teilhaben zu lassen. Mit pädagogischer Unterstützung z. B. durch Lernbegleiter lässt sich gezielt daran arbeiten und die Schüler entsprechend vorbereiten. Verfahren wie das Gruppenpuzzle institutionalisieren dieses Lernen durch Lehren und eignen sich daher auch im inklusiven Englischunterricht.

Bei dieser Methode geht es darum, dass sich Schüler in arbeitsteiligen Expertengruppen zu bestimmten Themen austauschen, Informationen sammeln und gemeinsam Kenntnisse erarbeiten. Wenn diese Gruppen heterogen zusammengesetzt sind, können leistungsstarke Schüler anderen wertvolle Anregungen geben und sie „mitreißen", so dass jeder die Chance hat, Experte für das verhandelte Thema zu werden. Dazu ist es ggf. erforderlich, einzelne Schüler gezielt an die Beschäftigung mit einem bestimmten, z. B. weniger komplexen oder abstrakten Unterthema heranzuführen.

Ihr Expertenwissen geben sie in der nächsten Arbeitsphase weiter, wenn sie sich in neuen Konstellationen zusammenfinden, in die jede Expertengruppe einen Schüler entsendet. Dieser hat nun die Aufgabe, das zuvor Erarbeitete kompetent an die Mitschüler zu vermitteln. Einzelne Schüler dürfen sich dazu die Unterstützung eines Mitschülers holen.

Im inklusiven Englischunterricht ist es von Bedeutung, dass jeder Lernende die Gelegenheit erhält, Experte sein zu können. Diese Erfahrung wirkt sich positiv auf das Selbstbewusstsein aus und stärkt die Verantwortung für den gemeinsamen Lernprozess, denn wer von Mitschülern gut informiert werden will, muss selber auch gut informieren. Ein Schüler, der sich in der Expertenrolle erlebt, entwickelt erfahrungsgemäß eine positive Arbeitshaltung und Einstellung zum Fach Englisch.

3.12 Klassenlektüre

Die guten Erfahrungen mit Ganzschriften im inklusiven Englischunterricht haben uns darin bestärkt, in jedem Schuljahr ein Buch mit der Klasse zu lesen. Beispielhaft soll hier auf die Arbeit mit der Lektüre *Perfect Love* von Jeremy Taylor (ISBN 3-425-03064-7) eingegangen werden, die sich besonders für den Unterricht im Jahrgang 7 eignet. Die Geschichte thematisiert das erste Anbändeln von Jungen und Mädchen rund um den Valentinstag.

Charlie, David und Karim sind in Gillian verliebt und buhlen mit Geschenken um ihre Gunst. Da sie schüchtern sind, führt ihre Tappsigkeit zu lustigen Situationen. Gillian schwärmt jedoch für den sportlichen Basketballer Nick und nimmt die zarten Annäherungsversuche der drei Jungen nicht recht wahr. So kommt es zu zahlreichen Verwechslungen und Irritationen, besonders im Hinblick auf eine heiß begehrte Karte zum Valentinstag (sie zeigt einen romantischen Sonnenuntergang und ein Händchen haltendes Liebespaar). Diese bringt die Jungen zum Träumen, genauso wie die Aussicht auf den Gewinn von 10.000 Pfund in einem Preisausschreiben auf Schokoriegelverpackungen, die für einen weiteren, amüsanten Erzählstrang sorgt.

Perfect Love spricht Dreizehn-/Vierzehnjährige an, da bei vielen von ihnen die erste Verliebtheit, das Thema „Freundschaft" und das andere Geschlecht eine wichtige Rolle spielen. Wenn sich auch in der Klasse gerade erste Gefühle zwi-

3. Bausteine des inklusiven Englischunterrichts

schen Jungen und Mädchen entwickeln, verfolgen die Schüler mit Neugier und Interesse, wie die Protagonisten der Geschichte mit ihren Hoffnungen und Wünschen umgehen und wie sie versuchen, Zuneigung auszudrücken. Da *Perfect Love* rund um den 14. Februar spielt, liegt es nahe, das Buch zu Beginn des zweiten Schulhalbjahres zu lesen.

Der Tag, an dem Liebende sich beschenken, rückt auch in der Lebenswelt der Schüler in den Fokus. Im Unterricht bietet sich daher die Verknüpfung mit einem landeskundlichen Thema an: Wie begeht man den *Valentine's Day* in England, in den USA? Sprachlich ist die Lektüre (41 Seiten) gut zu bewältigen. Die Einteilung in 16 kurze Kapitel ermöglicht jeweils eine vollständige Bearbeitung pro Unterrichtsstunde.

Es folgen nun einige Arbeitsvorschläge und Beispiele für die Arbeit mit *Perfect Love* im inklusiven Englischunterricht, die zeigen, wie sich die Vielfalt der Interessen und Voraussetzungen für anregende, schülerorientierte Lernarrangements nutzen lassen:

- Die Schüler erarbeiten den Text in heterogenen Vierergruppen nach der Methode des reziproken Lesens: Die Gruppe liest einen Abschnitt, ein Schüler stellt anschließend Verständnisfragen, die anderen beantworten sie. Ein zweiter Schüler fasst den Inhalt zusammen. Der dritte fragt nach unklaren Wörtern oder Textstellen und der vierte stellt Vermutungen an, wie die Geschichte weitergehen könnte. Beim nächsten Abschnitt werden die Rollen getauscht. Die Ergebnisse fließen in das Plenum ein.
- Leistungsschwache Schüler lesen nur ausgesuchte (z. B. die wichtigsten) Kapitel und erhalten mündliche Zusammenfassungen auf Englisch oder Deutsch der anderen Abschnitte durch schnelle Leser, so dass sie dem Verlauf der Geschichte folgen können.
- Ausgewählte Szenen werden mit verteilten Rollen gelesen oder gespielt. Es wird darauf geachtet, dass alle Schüler eine ihren Fähigkeiten entsprechende Rolle erhalten, auch Lernende, die gar nicht sprechen.
- Kapitelweise schlagen je zwei Schüler unbekannte Wörter nach und fertigen eine Vokabelliste für die Klasse an.
- Einige Schüler entwerfen Rätselgitter mit Schlüsselbegriffen aus dem Text.
- Die Textanalyse wird durch differenzierte Aufgaben zum Leseverstehen unterstützt.
- Die Schüler basteln *Valentine's Cards* und verschicken diese untereinander.
- Die Lernenden stellen ausgewählte Szenen als Standbilder dar.

3. Bausteine des inklusiven Englischunterrichts

- Sie malen Bilder ihrer Lieblingsfiguren und zeichnen Comics von einzelnen Szenen. Je nach Sprachkompetenz werden diese mit Texten versehen.
- Einige Schüler zeichnen zu einem Kapitel einen kurzen „Film" mit vier Bildern und schreiben neben die Bilder das „Drehbuch".
- Die Schüler bearbeiten in Kleingruppen ein Wissens-Quiz zu *Perfect Love*.
- Die Klasse singt den *Valentine Song* zur Melodie von „Oh my darling Clementine".
- Die Klasse feiert eine *Valentine's Party* und fertigt passende Deko dazu an.

Eine Unterrichtsstunde (60–90 Min.) zu einem Kapitel der Lektüre *Perfect Love* kann etwa folgendermaßen aufgebaut sein:

Warming up	Vokabelspiele in leistungshomogenen Gruppen
Erarbeitung	Erschließen des Grobverständnisses des Textes in leistungsheterogenen Gruppen
Vertiefung	Zusammentragen der Ergebnisse im Plenum
Ergebnissicherung und Anwendung	Klärung des Detailverständnisses, Sicherung und Anwendung des Gelernten in Einzel- oder Partnerarbeit (differenzierte Lernangebote zum Schreiben und Gestalten)
Abschluss	Exemplarische Darbietung einzelner Arbeitsergebnisse im Plenum, Vermutungen zum Fortgang der Geschichte

3.13 Projekte

Beim Projektunterricht arbeiten Lernende in hohem Maße selbstorganisiert und eigenverantwortlich an so komplexen Aufgaben, dass eine kooperative Bearbeitung eigentlich unumgänglich ist. Einzelne Schüler oder kleine Teams könnten die Arbeit alleine also gar nicht schaffen und erst durch das Zusammenwirken aller kann eine Aufgabe erfolgreich bewältigt werden. Charakteristisch für den idealtypischen Ablauf einer Projektarbeit sind die weitgehend selbstständige Planung, Organisation, Durchführung und Evaluation aller Auf-

3. Bausteine des inklusiven Englischunterrichts

gaben durch die Schüler (*„learning by doing"*), sowie die abschließende Zusammenführung und Präsentation der Teilergebnisse zu einem Ganzen.

Bedeutsame Themen: Die Schülerinnen und Schüler lassen sich besonders motiviert auf ein Thema ein, wenn es in ihren Sinn- und Erfahrungshorizont gehört und mit ihren Interessen und ihrer Lebenswirklichkeit zu tun hat, wenn es sie persönlich berührt und ihre Emotionen anspricht.

Authentische Kommunikation: Viele Kinder und Jugendliche haben ein großes Kommunikationsbedürfnis, sie wollen sich ihren Mitschülern mitteilen und mehr über sie erfahren.

Herausfordernde Aufgaben: Lernende sind besonders motiviert, wenn Aufgaben sie nicht über- oder unterfordern, sondern ihren individuellen Leistungsmöglichkeiten und Interessen entsprechen, und wenn Aufgaben nicht Teil uninspirierter Übungsroutinen sind.

In den einschlägigen Englischlehrwerken bzw. in der Fachliteratur finden sich folgende **Projektvorschläge,** die sinnvolle erste Schritte sein können, wertvolle Lernanreize bieten und eine willkommene Abwechslung darstellen, auch wenn sie nicht allen Anforderungen an ein echtes Projekt genügen:
- Die Klasse veranstaltet ein *English breakfast* und spricht dabei nur Englisch.
- Die Schüler führen im Stadtteil englischsprachige Interviews zu relevanten Themen durch.
- Die Klasse veranstaltet eine Modenschau, bei der sie die Kleidung in englischer Sprache präsentiert.
- Die Lerngruppe entscheidet sich, eine Woche lang *school uniforms* zu tragen.
- Die Schüler basteln Englisch-Freiarbeitsmaterial oder stellen ein Gesellschaftsspiel her *(London quiz).*
- Die Klasse produziert ein englisches Hörspiel etc.

Das aus der Fachliteratur wohl bekannteste Vorhaben im Englischunterricht ist das *Airport-Projekt,* das vom Englischdidaktiker Michael Legutke von der Universität Gießen entwickelt wurde. Es gilt als Prototyp handlungsorientierten Unterrichts im Sinne der Projektidee, bei der Lernende auf einem Flughafen Interviews in englischer Sprache führen. Da sich dieses Projekt besonders im inklusiven Englischunterricht bewährt hat und sich daran exemplarisch die Vorzüge dieser Unterrichtsform für die Arbeit in heterogenen Lerngruppen aufzeigen lassen, soll es hier ausführlicher dargestellt werden.

3. Bausteine des inklusiven Englischunterrichts

Das Airport-Projekt

Dieses Projekt ist Schulen zu empfehlen, die einen Flughafen in erreichbarer Nähe haben. Alternativ kann geprüft werden, inwiefern eine Übertragung der Grundidee und zentralen Arbeitsmethoden auf andere Orte, an denen viele englischsprachige Reisende, Urlauber, Besucher etc. zusammenkommen, sinnvoll erscheint (Messe, Bahnhof, Hafen …).

Besonders erfolgreich lässt sich das Projekt im 6. Jahrgang durchführen, wenn die Lernenden bereits ein angemessenes Sprachverständnis entwickelt haben und die benötigten Redemittel zur Verfügung stehen (z. B. Fragen mit Wh-Fragewörtern im *simple present*). Erfahrungsgemäß geben Reisende Schülern dieser Altersgruppe bereitwilliger Auskunft als älteren.

Vor dem Flughafenbesuch: Den Auftakt kann die Beschäftigung mit einem *Song* zum Thema „Fliegen" machen, wie das schon ältere *Leaving on a jetplane* (John Denver) oder das den Schülern vielleicht aus der Werbung bekannte *Fly away* (Lenny Kravitz). Daran anknüpfend spricht die Klasse darüber, wer schon einmal (wohin?) geflogen ist, wer gerne fliegt, wer Angst vor dem Fliegen hat oder über ein besonderes Flugerlebnis berichten kann.

Denkbar ist auch ein Einstieg über das Thema „Reisen": *Do you like travelling? Where did you spend your last holidays? How did you get there? Did you go to … by car/train/coach …? Have you ever gone by plane?* Wer sich nicht auf Englisch beteiligen kann, teilt sich in deutscher Sprache mit. Mitschüler werden gebeten, das Gesagte zu übersetzen. In dieser Phase kann auch „Kofferpacken" gespielt werden: *I'm packing my suitcase and put in a red shirt, a white jumper, yellow socks etc.*

Die Lernenden erschließen sich das Wortfeld *airport* an Hand eines Wimmelbildes. Sie benennen, was sie sehen, oder zeigen auf das, was die Lehrkraft benennt. Anschließend werden in einer Mindmap gemeinsam die wichtigsten Begriffe zusammengetragen und in die Projektmappe übernommen:

airport, airline, plane, arrival, departure, take-off, terminal, gate, runway, baggage, timetable, flight, information desk, duty free shop, lost property office, passenger, pilot, flight attendant, on time, delayed, cancelled …

Für manche Schüler ist es hilfreich, wenn man ihnen zum Lernen weniger umfangreiche Wortlisten z. B. in Form eines Vokabeltrainers anbietet, den sie in ihrem Tempo bearbeiten können.

Die Lerngruppe übt sich im Lesen von Flugplänen und Anzeigetafeln und trainiert mit Hilfe ausgewählter Hörtexte das Verstehen typischer Ansagen am

3. Bausteine des inklusiven Englischunterrichts

Flughafen. Schüler mit dem Förderschwerpunkt Hören dürfen dazu den Text mitlesen oder die CD in Ruhe mehrmals anhören. Mögliche Fragen zur Beantwortung in Partnerarbeit können sein:
- *When does the next plane from London arrive?*
- *When do planes depart for New York?*
- *How many planes are there to Manchester on Fridays?*
- *How long does it take from Hamburg to Dublin?*
- *When does the earliest flight to San Francisco leave on weekdays?*
- *Which flight would you take to Sidney?*
- *Which destination would you like to fly to?*

Die Lernenden stellen in Kleingruppen Redemittel für ihre Interviews zusammen. Dabei werden die Aufgaben und Rollen so verteilt, dass Schüler mit unterschiedlichen Lernvoraussetzungen zusammenarbeiten: Protokollant, Zeitwächter, Wörterbuch-Beauftragter und Präsentator der Ergebnisse etc. Anschließend erfolgt ein Abgleich der Lösungen im Plenum.

Schwächere Schüler bekommen ein Arbeitsblatt mit fertigen Gesprächsbausteinen, die sie ausschneiden, korrekt zuordnen und mit Unterstützung einüben.

Schließlich werden die Interviews in Partnerarbeit geprobt, wobei die Rollen nach einer Zeit wechseln sollten. Abhängig von den individuellen Voraussetzungen der Lernenden kann der Dialog abgelesen, auswendig vorgetragen oder frei improvisiert werden.

Technisch interessierte Schüler organisieren in der Schule Aufnahmegeräte mit Mikrophonen und machen sich mit der Technik vertraut. Sie werden später ihre Mitschüler in die Handhabung der Geräte einweisen. Die Lehrkraft holt bei der Flughafenverwaltung/Pressestelle eine Genehmigung für die Befragung von Fluggästen in den Terminals ein. Das kann, mit entsprechender Unterstützung, auch von Schülern erledigt werden.

Die Schüler bilden Zweier- oder Dreiergruppen und verteilen die Rollen für ihre Interviews mit ausländischen Reisenden. Sie entscheiden, ob sie abwechselnd Fragen stellen, bzw. ob bei jedem Interview ein Schüler das Gespräch führt, während der andere sich um die Aufnahme kümmert.

In Inklusionsklassen ergeben sich mitunter ganz besondere Fragestellungen vor einem Besuch am Airport. So wird vielleicht ein Schüler, der auf seinen Rollstuhl angewiesen ist, herausfinden wollen, welche Möglichkeiten er am

Name: _____ Class: _____ Date: _____

Airport

German	English
Entschuldigen Sie bitte die Störung!	
Sprechen Sie Englisch?	
Wir kommen aus der Schule … in Hamburg.	
Dürfen wir ein Interview mit Ihnen führen?	
Warum sind Sie hier am Flughafen?	
Wo kommen Sie her?	
Vielen Dank für das Interview!	
Auf Wiedersehen! Einen schönen Tag!	

Why are you at the airport?	May we make an interview with you?
Thank you very much for the interview.	Do you speak English?
We come from School… in Hamburg.	Excuse me, please.
Goodbye. Have a nice day.	Where are you from?

3. Bausteine des inklusiven Englischunterrichts

Flughafen vorfindet und welche Hilfen er in Anspruch nehmen kann. Zur Vorbereitung sammelt er Fragen nach der Erreichbarkeit und Zugänglichkeit bestimmter Einrichtungen, die er beim Flughafenbesuch zu beantworten sucht: Fahrstuhl von der U-Bahn-Station zum Terminal, Behindertentoiletten, Begleitung von Passagieren mit eingeschränkter Mobilität beim Boarding, Hilfen für sehbehinderte Menschen, Gepäckservice, Parkplätze für gehbehinderte Menschen etc.

Eine reizvolle Aufgabe für Schüler, die sich auf Grund ihrer Lernvoraussetzungen nicht an den Interviews beteiligen, ist es, die verschiedenen Symbole und Zeichen zu untersuchen, die an Flughäfen verwendet werden. Mit Hilfe vorbereiteter Arbeitsblätter wird zunächst mit den Schülern – im Sinne einer Lebenswelt-Orientierung – über deren Bedeutung gesprochen:
- Auf welches Zeichen musst du achten, wenn du Hilfe/Information benötigst?
- Wo findest du einen Fahrstuhl?
- Welche Bedeutung hat das Schild mit dem Rollstuhl?
- Welche Bedeutung hat das Koffersymbol?

Natürlich ist es spannend, vor Ort nach Antworten auf diese Fragen zu suchen und auch die englischen Begriffe zu den einzelnen Symbolen zu ermitteln. Als gestufte Hilfe können die entsprechenden deutschen Fachbegriffe auf dem Arbeitsblatt auch vorgegeben werden.

Am Flughafen
Innerhalb des verabredeten Zeitrahmens und an den vereinbarten Orten darf sich die Klasse frei bewegen. Eine zentrale Anlaufstation sollte festgelegt werden, wo die Schüler immer eine Lehrkraft antreffen, sich Hilfe holen oder einfach nur verschnaufen können. Es sollte dafür Sorge getragen werden, dass alle Kinder sich nach ihren Möglichkeiten auf Erkundungsgang begeben können, sei es in einer Kleingruppe, sei es zusammen mit einer Lehrkraft oder einer anderen Begleitperson (FSJler, Praktikant, Eltern etc.).

Die Schüler führen zu zweit oder dritt ihre Interviews durch und zeichnen diese auf. Erfahrungsgemäß ist es einfacher, die Gespräche mit Wartenden in der Abflughalle zu führen, da diese sich eher Zeit dafür nehmen als ankommende Fluggäste. Es sollte darauf geachtet werden, dass die Teams so zusammengesetzt sind, dass die Schüler sich gegenseitig unterstützen und ergänzen. Einer liest seine Fragen von Karteikarten ab, der andere schafft es schon ohne Hilfe und spricht frei.

Andere Schüler sammeln Bildmaterial und Broschüren, finden heraus, welche Jobs es am Flughafen gibt, untersuchen die Möglichkeiten für Menschen mit eingeschränkter Mobilität, entdecken Piktogramme und deren Bedeutungen (dt./engl.), orientieren sich im Flughafen und lernen verschiedene wichtige Bereiche kennen: *Travel Market, First Aid, Baggage Claim, Lost & Found, Meeting Point* etc.

Nach dem Flughafenbesuch
Zurück in der Schule bieten sich zahlreiche Möglichkeiten zur Bearbeitung, Vertiefung und Zusammenführung der gesammelten Daten und Materialien an, so dass die Schüler individuell oder in Kleingruppen am Thema weiterarbeiten.

Viele hören zunächst neugierig ihre Aufnahmen ab und versuchen, die Interviewpartner genau zu verstehen und Gespräche inhaltlich zu rekonstruieren. Besonders gelungene Aufnahmen werden der Gruppe vorgespielt. Anschließend transkribieren sie die Interviews und überprüfen ihre Dialogtexte auf korrekte Orthographie. Im nächsten Schritt werden die Dialoge mit verteilten Rollen eingeübt und den Mitschülern vorgespielt.

Geographisch interessierte Schüler markieren die Herkunfts- und Zielorte der Interviewpartner auf einer großen Weltkarte für die abschließende Ausstellung zum Projekt. Andere Schüler stellen die Ergebnisse ihrer Erkundungsgänge vor, indem sie einen Kurzvortrag zu den *Facilities for handicapped people* halten oder ein Ratespiel (*Memory*) zu den Piktogrammen vorbereiten. Manche Lernende vertiefen ihren Wortschatz, indem sie Rätselgitter mit *Airport words* für ihre Mitschüler entwerfen.

Leistungsstarke Schüler studieren weiterführende Rollenspiele ein (*At the information desk, At the lost property office, At the giftshop*) und präsentieren diese der Klasse. Andere schreiben fiktive Urlaubskarten oder diskutieren eigene Urlaubspläne.

Kopiervorlage

Name: _____ Class: _____ Date: _____

Pictograms

Kopiervorlage

Name: _____ Class: _____ Date: _____

Airport words

D	T	E	R	M	I	N	A	L	S
E	G	A	G	G	A	B	Z	G	S
P	I	L	O	T	E	T	I	X	E
A	P	L	A	V	I	R	R	A	D
R	L	C	H	E	C	K	I	N	R
T	A	I	R	P	O	R	T	A	A
U	N	G	A	T	E	N	K	S	W
R	E	G	N	E	S	S	A	P	E
E	L	B	A	T	E	M	I	T	T
T	R	O	L	L	E	Y	W	D	S

_____

_____

_____

_____

_____

_____

_____

© 2014 Cornelsen Schulverlage GmbH, Berlin. Alle Rechte vorbehalten.

3. Bausteine des inklusiven Englischunterrichts

E-Mail-Projekte

In höheren Jahrgängen stellt das themengebundene E-Mail-Projekt mit englischsprachigen Partnerklassen eine interessante, zeitgemäße und sehr inklusionsfreundliche Form der Projektarbeit dar. Die Idee eines Austausches zwischen zwei Lerngruppen im Unterricht einer Fremdsprache ist zwar nicht neu. Die erweiterten Handlungsmöglichkeiten, die das Medium Computer/Internet mit sich bringt, schaffen jedoch zusätzlichen Aufforderungscharakter: Jugendliche werden dort abgeholt, wo sie stehen, und ihre Interessen und Kompetenzen im Umgang mit den neuen Medien werden ernst genommen und einbezogen, während eine klassische Briefpartnerschaft auf Schüler heute oft eher altmodisch wirkt.

Der Computer besitzt gerade für Schüler mit Förderbedarf große Attraktivität: Vor allem für Lernende mit eingeschränkter Mobilität, die zum schulischen Lernen (Schreiben, Recherche) einen Laptop benutzen und dabei häufig eine besondere Geschicklichkeit entwickeln. Dies verhilft ihnen zu mehr Selbstständigkeit und eröffnet attraktive berufliche Perspektiven z. B. im Hinblick auf geeignete Computerarbeitsplätze für Menschen mit körperlicher Einschränkung.

Vorzüge der Arbeit mit E-Mail-Projekten sind, dass ...
- sie Lernende motivieren, in der Zielsprache zu kommunizieren,
- sie eine authentische Kommunikation mit echten Gesprächspartnern ermöglichen,
- sie die zielgerichtete Anwendung vorhandener Englischkenntnisse erfordern,
- sie eine Erweiterung der Sprachkompetenz fördern,
- sie eine gelingende Verständigung in der Zielsprache voraussetzen,
- sie einen Austausch über bedeutsame Themen erlauben und
- das interkulturelle Lernen befördern.

Im inklusiven Unterricht sollten verstärkt auch die besonderen Lebenssituationen, Interessen und Probleme von Menschen mit Behinderung thematisiert werden, um die Klasse für die Bedürfnisse ihrer Mitschüler mit Beeinträchtigungen zu sensibilisieren. Ziel ist die Entwicklung von Empathiefähigkeit und Sensibilität, von Rücksichtnahme und Toleranz. Die Mitschüler sollen besser verstehen können, was es heißt, mit einer Behinderung zu leben, und die Faktoren kennen lernen, die sich in dieser Hinsicht eher hinderlich oder erleichternd auswirken.

Name: _____ Class: _____ Date: _____

E-mail-project

What is the situation for handicapped people at your school/ in your town like?

- *Are there disabled children at your school?*

- *What do you know about their different disabilities?*

- *Do these children attend special classes or do they enjoy inclusive education?*

- *What does your school do to promote inclusive education?*

- *What special facilities for handicapped pupils does it provide?*

- *What is your idea of a perfect school?*

- *What about facilities for disabled people in your neighbourhood?*

- *Are there special toilets for people in wheelchairs in your town?*

- *Are there any lifts so they can reach train stations and bus stops?*

- *Are there special parking lots for disabled motorists?*

- *Is there any help for blind people who want to cross a street?*

- *What kind of sports can handicapped people do in your neighbourhood?*

3. Bausteine des inklusiven Englischunterrichts

3.14 Zwei Unterrichtsstunden (Beispiele)

Jahrgang 5: *Nice to meet you!*

In den ersten Wochen des neuen Schuljahres sollen sich die 22 Schülerinnen und Schüler aus den verschiedenen Grundschulen näher kennen lernen und langsam zu einer Klassengemeinschaft zusammenwachsen. Dieses Ziel wird auch im Englischunterricht aufgegriffen, indem wichtige *words and phrases* eingeführt werden, mit denen man sich den neuen Mitschülern vorstellen und andererseits durch geeignete Fragen mehr über sie erfahren kann.

Ein zweites Ziel besteht darin, die Lernenden über verschiedene Rituale mit den Regeln und Rhythmen des Englischunterrichts vertraut zu machen und eine emotional positiv besetzte Grundlage für die Themen und Inhalte dieses Faches zu schaffen. Wichtig ist dabei, an die heterogenen Vorkenntnisse aus dem Grundschulenglisch anzuknüpfen und die Schüler dort abzuholen, wo sie stehen.

Für die heutige Stunde ist geplant, dass die Sonderpädagogin (SP) die erste Phase anleitet und der Fachlehrer (FL) zunächst mehr im Hintergrund bleibt und sich um die benötigten Utensilien (Flagge, CD-Player, *weather cinema*, Gitarre) kümmert.

Danach erfolgt die Einführung in die Arbeit mit den Sprechblasen durch den FL. Während dieser Phase wird die SP ruhig durch die Klasse gehen und sich davon überzeugen, dass alle Kinder dieser Darbietung folgen können.

In der dritten Phase sollen die Schüler alleine oder mit einem Partner am Thema weiterarbeiten. FL und SP wollen sich während dieser Arbeitszeit stärker zurückhalten, nur leise durch den Raum gehen und bei Bedarf Unterstützung geben. Da die Schüler im Klassenraum oder auf dem Flur arbeiten, ist es sinnvoll, sich diese Arbeitsbereiche untereinander aufzuteilen. Die Abschlussphase soll wieder von der SP angeleitet werden.

3. Bausteine des inklusiven Englischunterrichts

Unterrichts-schritte	Inhalte, Materialien, Aufgaben	Aktivitäten der Schüler/ Pädagogen
Einstieg: Rituale	▪ *Boss of the flag* ▪ *Day, date, time and weather* ▪ *Walk and talk: How are you today?*	Bei Ritualen nehmen lernschwache Schüler selbstständig ihre Aufgaben wahr. FL und SP unterstützen bei Bedarf. Mit *Walk and talk* stimmt sich die Klasse auf das Stundenthema ein. FL und SP stoppen die Musik und sorgen für eine geordnete Durchführung.
Erarbeitung: Interviewfragen und Antworten	▪ ein Satz Sprechblasen mit Fragen wie: *What's your name? Where are you from? How old are you? Have you got brothers or sisters? Hobbies?* ▪ ein Satz Sprechblasen mit beispielhaften Antworten	FL führt die Sprechblasen an der Tafel ein, zunächst ca. fünf Fragen/Antworten. Danach zeigen leistungsstärkere Schüler die erweiterte Übung mit etwa 10 Dialogelementen. Alle Schüler sollen sämtliche Arbeitsmöglichkeiten kennen lernen.
Vertiefung: Lerntheke	▪ Sprechblasen zum Üben der Fragen und Antworten und Vordrucke zur Verschriftung des Dialogs ▪ Memory zum spielerischen Üben der Fragen und Antworten ▪ Vordrucke zum Gestalten eines persönlichen Steckbriefes ▪ PC zum Tippen des Steckbriefs ▪ Aufnahmegeräte für Interviews mit Mitschülern oder mündliche Steckbriefe ▪ Arbeitsblätter mit Dialogen auf drei Niveaus ▪ Memory mit Namen und Fotos der Mitschüler	Die Lernenden können nun ausgiebig am Thema weiterarbeiten, ausgehend von ihrem Lernstand. Sie wählen an der Lerntheke das Material, das sie am besten fördert, und entscheiden, ob sie alleine oder mit einem Partner arbeiten wollen. FL und SP sind erst beratend tätig, halten sich dann zurück, beobachten die Klasse beim Lernen und arbeiten auf Wunsch mit einzelnen Schülern zusammen.
Abschluss im Kreis	▪ Arbeitsergebnisse ▪ Lied	Nach Präsentation einzelner Arbeitsergebnisse endet die Stunde mit einem Lied oder *Chant*. Zum Thema passen *Bingo* oder *Who stole the cookies*. Nach konzentrierter Arbeit wird durch diese gemeinsamen Aktivitäten wieder ein entspanntes Klima hergestellt.

3. Bausteine des inklusiven Englischunterrichts

Damit die Schüler sich orientieren und selbstständig wählen können, müssen die unterschiedlichen Anspruchsniveaus der Aufgaben genau gekennzeichnet sein. Je früher ihre Selbsteinschätzungsfähigkeit gefördert wird, desto eher können sie Verantwortung für ihre Entscheidungen übernehmen, souverän mit ihrer Wahlfreiheit umgehen und professionell handeln. Der Selbstständigkeit dient es auch, wenn schriftliche Arbeitsaufträge zunächst in englischer *und* deutscher Sprache erteilt werden. Für einzelne Schüler wird dieser Modus möglichst lange beibehalten. Bei Bedarf fragen FL oder SP gezielt nach, ob ihnen die Aufgabenstellung klar ist. Bei fortgeschrittenen Schülern werden Aufgaben zunehmend auf Englisch gestellt. Die Kennzeichnung der Anspruchsniveaus im o. a. Stundenverlauf soll nun näher erläutert werden:

- Niveau 1 (ein Stern = leicht): Die Fragen sind auf diesem Arbeitsbogen vollständig vorgegeben, bei den Antworten nur die Satzanfänge. Die Schüler müssen diese mit jeweils ein bis zwei Wörtern vervollständigen.
- Niveau 2 (zwei Sterne = mittel): Die kompletten Fragen sind vorgegeben, geeignete Antworten müssen die Schüler selber finden.
- Niveau 3 (drei Sterne = schwer): Die Fragen sind nur fragmentarisch und müssen ergänzt werden. Passende Antworten müssen die Schüler selber finden.

In diesem Stundenverlauf wechseln konzentrierte Anspannung und lustbetonte Entspannung, angeleitete und freie, lehrerzentrierte und schülerorientierte Phasen einander ab. Alle arbeiten am selben Thema, wobei nicht jeder alles machen und können muss. Die Schüler haben am Ende der Stunde Bekanntes spielerisch vertieft und auf vielfältige Weise geübt, aber auch Neues gelernt: Wie stelle ich mich auf Englisch vor, wie erfahre ich durch geeignete Fragen mehr über meinen Gesprächspartner?

Die Lernenden haben ihre Kompetenzen individuell weiterentwickelt: **Anna** kann sich nun die Namen ihrer Mitschüler besser merken, **Lena** kennt mehr Interviewfragen, **Paul** hat zum ersten Mal das Aufnahmegerät bedient und weiß nun, wie man damit umgeht, **Finn** hat mit Hilfe des Wörterbuches einen ausführlichen Steckbrief über sich verfasst, **Malte** am PC fünf gut lesbare Zeilen über sich geschrieben. **Carina** hat zwei Mitschülerinnen interviewt und sich Notizen gemacht, die sie morgen ausformulieren wird. **Lotta** und **Elisa** haben weiter mit den Sprechblasen gearbeitet und konnten zum Schluss ihren Dialog auswendig vortragen.

3. Bausteine des inklusiven Englischunterrichts

SP und FL haben die Unterrichtsphasen im Wechsel angeleitet und mal eine stärker initiierende, mal eine eher beobachtende, unterstützende Rolle übernommen. Beide werden von der Klasse als gleichberechtigte Fachleute für Englisch wahrgenommen. In der freien Arbeitsphase haben sich die Schüler weiter selbstständig mit dem Thema auseinandergesetzt. Durch die Doppelbesetzung war es möglich, einzelne Kinder bei Bedarf zu unterstützen, unabhängig von ihren Lernvoraussetzungen.

Gezielte Unterstützung erhielt ein geistig behinderter Schüler beim Wetterbericht, als er ins Stocken geriet und ihm die SP kurze Sätze vorsprach, die er dann wiederholte. Beim *Walk and talk* hatten beide Pädagogen im Blick, ob der hörgeschädigte Schüler Malte auf das Ende der Musik achtet. In der Freiarbeit benötigten zwei Kinder mit Förderbedarf etwas Hilfe bei der Benutzung der Aufnahmegeräte und Computer. Bei der schriftlichen Bearbeitung von Aufgaben erhielten einige Schüler Unterstützung bei der Rechtschreibung, gemäß der Regel: Schaue erst im Wörterbuch nach, frage dann Mitschüler und erst zum Schluss deine Lehrer.

In der Nachbereitung machen sich die beiden Pädagogen Notizen zum erreichten Lernstand einzelner Schüler, planen individuelle nächste Lernschritte für einige von ihnen und legen fest, welche Lernziele möglichst von allen erreicht werden sollen.

Jahrgang 9: *Job interviews*

Die neunten Klassen werden bald ihr dreiwöchiges Betriebspraktikum absolvieren. Auch unsere Schülerinnen und Schüler mit sonderpädagogischem Förderbedarf haben Zusagen für interessante Praktikumsstellen erhalten und freuen sich auf diese neue Erfahrung. Viele Jugendliche verlassen am Ende des Jahres die Schule und beginnen eine Ausbildung. Daher steht jetzt auch im Englischunterricht ein Thema für alle Lernenden im Mittelpunkt: *Work experience.*

In dieser Doppelstunde geht es um *job interviews*. Vor allem sollen das Hörverstehen und die mündliche Sprachkompetenz für die Teilnahme an Vorstellungsgesprächen geschult werden. Auch in dieser Stunde werden die Schüler am gemeinsamen Thema arbeiten, aber unterschiedliche Lernziele verfolgen. Bei einigen liegt der Schwerpunkt darauf, einem Bewerbungsgespräch inhaltlich folgen und zentrale Aussagen verstehen zu können. Andere werden daran arbeiten, wichtige sprachliche Mittel in einem Rollenspiel selbstständig anwenden zu können.

3. Bausteine des inklusiven Englischunterrichts

Die Schüler werden phasenweise im Klassenverband arbeiten. Für die Entwicklung einer guten Klassengemeinschaft sind der gemeinsame Anfang sowie ein gemeinsamer Abschluss wichtig. Angesichts der immer weiter auseinander gehenden Leistungsschere ist aber auch eine längere Arbeitsphase geplant, in der die Gruppe geteilt und von je einem Pädagogen betreut wird. Zum Abschluss erfolgt eine Zusammenführung der Ergebnisse im Plenum. Das sorgt für Transparenz, so dass Lernende immer wissen, welche Leistungserwartungen in der jeweils anderen Gruppe gestellt werden. So lernen sie einzuschätzen, wo sie am besten gefordert und gefördert werden.

Unterrichtsschritte	Inhalte, Materialien, Aufgaben	Aktivitäten der Schüler/Pädagogen
Einstieg: Rituale/ Besprechung der HA	▪ *Three-minutes-talk: Do you work to earn some extra money?* ▪ Spiel: *Act-draw-explain* ▪ HA: *Letters of application*	Das Dreiminutengespräch dient dem sprachlichen Warming-up und der Einstimmung auf das Thema. Das Spiel sorgt für eine positive Grundstimmung. Schwache Schüler dürfen sich eine Darstellungsform aussuchen. Die Besprechung der HA erfolgt erst in Kleingruppen, dann im Plenum.
Erarbeitung: Hörverstehen	▪ *Listening comprehension: A job interview; phone calls* ▪ CD und Arbeitsbögen mit Aufgaben zum Ankreuzen	Zwei leistungshomogene Gruppen bearbeiten die Hörübungen in getrennten Räumen. Gruppe A hört einen einfachen Text, in dem sich eine Schülerin auf eine Stelle als Verkäuferin bewirbt. Gruppe B hört einen anspruchsvolleren Text mit drei Bewerbungs-Telefonaten. Im Plenum werden Formulierungen aus beiden Gruppen gesammelt.
Vertiefung: *Job interviews*	▪ Arbeitsbögen mit unterschiedlichen Sprechanweisungen für Partner A *(manager)* und Partner B *(student)*. *Useful phrases* auf dem Bogen können als Hilfe benutzt, aber auch umgeklappt und ignoriert werden ▪ Arbeitsbogen mit der englischen Fassung des Dialogs zum Ausschneiden und Sortieren	Die Schüler setzen deutsche Sprechanweisungen in englische Redemittel um und gestalten damit in Partnerarbeit Rollenspiele. SP und FL unterstützen einzelne Schüler dabei, Dialogteile eines *Job interviews* zu sortieren und mit verteilten Rollen einzuüben. Die Stunde endet mit einer Darbietung der Rollenspiele im Plenum.

3. Bausteine des inklusiven Englischunterrichts

Der *Three-minutes-talk* ist ein Ritual, bei dem SP oder FL nur das Thema an die Tafel schreiben und das Ende der Redezeit durch ein akustisches Signal ankündigen. Die Schüler sprechen mit ihren unmittelbaren Nachbarn. SP und FL unterstützen einzelne Schüler durch gezielte Nachfragen oder Mediation. Äußert sich jemand überwiegend auf Deutsch, können Mitschüler oder Pädagogen als Dolmetscher fungieren. Entscheidend ist, dass sich alle inhaltlich zum Thema äußern können.

Spiele zum Stundenbeginn sorgen für eine gute Arbeitsatmosphäre, vertiefen bereits Gelerntes, stellen den Zusammenhang zur vergangenen Stunde her, stimmen auf das Unterrichtsthema ein und geben auf Grund des lustbetonten Charakters sowie des einfachen Anforderungsniveaus allen die Gelegenheit, sich aktiv zu beteiligen. Ein Schüler zieht ein Wortkärtchen mit einer Berufsbezeichnung (*florist, teacher, nurse, computer technician* etc.). Dann versucht er der Klasse den Begriff durch eine Tafelzeichnung, pantomimische Darstellung oder verbale Beschreibung nahe zu bringen. Schwächere Schüler dürfen sich die Aktivität auswählen.

Als Hausaufgabe soll die Klasse einen *Letter of application* auf eine vorgegebene Stellenanzeige verfassen. Dabei kann man wählen zwischen einem Arbeitsbogen, der wichtige Elemente der äußeren Form und wesentliche Formulierungen dieses Schreibens enthält (Lückentext) und einem Bogen mit nur sehr wenigen Vorgaben. Als dritte Möglichkeit wird eine Mediationsaufgabe angeboten, bei der aus je drei vorgegebenen Antworten zu ermitteln ist, wie man erklärt, dass man eine Stellenanzeige in der Zeitung gefunden hat. Es ist wichtig, dass alle Schüler auch Zuhause Aufgaben bearbeiten können, die ihren Leistungsmöglichkeiten entsprechen und sie dosiert herausfordern.

Wie kannst du sagen, dass du die Stellenanzeige in der Zeitung gefunden hast?
  ☐ *I often read the newspaper.*
  ☐ *I saw the advert in the papers.*
  ☐ *There are lots of adverts in the newspaper.*

Die Hausaufgaben werden in Kleingruppen besprochen, damit alle Leistungen gewürdigt werden und die Schüler sich gegenseitig korrigieren können. Manche trauen sich in diesem Rahmen eher vorzutragen als im Plenum. Danach werden Beispiele für die drei Aufgabenformate vorgestellt und Fragen beantwortet.

3. Bausteine des inklusiven Englischunterrichts

Die Klasse wird nun in zwei Gruppen geteilt, um alle Lernenden durch Hörverstehensaufgaben auf ihrem Niveau herauszufordern. FL übernimmt die leistungsstarke Gruppe, die SP die zweite Gruppe, in der sich auch Malte, der Schüler mit Beeinträchtigung im Bereich Hören, befindet. Durch ein Gespräch über das Thema der Übung und die beigefügten Illustrationen kommt es zu einer Vorentlastung, Erwartungen der Schüler an den Inhalt werden geklärt. Der Text wird in dieser Gruppe mehrfach angehört und abschnittsweise besprochen, Malte erhält auf Wunsch einen Ausdruck zum Mitlesen. Im Plenum werden dann wichtige *words and phrases* für Bewerbungsgespräche an der Tafel gesammelt:

- *I did a work experience in a department store/shop/restaurant ...*
- *I found out about the job on the Internet, in the newspaper ...*
- *I would like to apply for this job because ...*
- *I'm looking for a part-time/full-time job ...*
- *We look for somebody who is reliable/is communicative/can work in a team ...*
- *Thank you for sending your letter of application and your CV ...*
- *You will need to work outside/at weekends/irregular shifts ...*

Differenzierte Arbeitsbögen ermöglichen allen die Mitarbeit am Thema auf unterschiedlichem Anspruchsniveau:

Niveau 1: Die Dialogvorlage wird zerschnitten. Schüler legen die Elemente in der richtigen Reihenfolge aus und prüfen das Ergebnis mit Hilfe eines Kontrollblattes. Einzelnen hilft FL beim Handhaben der Schere. Der Dialog wird mit verteilten Rollen eingeübt, FL hilft auf Wunsch bei der Aussprache.

Niveau 2: Schüler erarbeiten den Dialog gemeinsam mit ihrem Partner und nutzen dabei die angebotenen Formulierungshilfen am unteren Ende des Arbeitsbogens. Sie schreiben ihren Dialog auf und üben ihn ein, wobei sie immer wieder auf die Textvorlage zurückgreifen.

Niveau 3: Schüler erarbeiten den Dialog in Partnerarbeit, nutzen aber die angebotenen Formulierungshilfen nicht. Sie lernen den Dialog auswendig, wobei sie über die Vorgaben hinausgehen und frei improvisieren.

Eine Darbietung der Rollenspiele beendet die Stunde. Vorgestellt werden Beispiele auf allen drei Niveaus, die durch die Mitschüler entsprechend gewürdigt werden.

3.15 Leistungsmessung und Leistungsrückmeldung

Der Königsweg für die Arbeit in sehr heterogenen Lerngruppen besteht darin, eine angemessene Balance von Gemeinsamkeit und Vielfalt herzustellen. Im Rahmen der gemeinsamen Arbeit der Lernenden am gemeinsamen Thema ist für ein ausreichendes Maß an Binnendifferenzierung zu sorgen, so dass sich jeder Schüler nach seinen Möglichkeiten einbringen und seine fachlichen Kompetenzen individuell weiterentwickeln kann.

In diesem Zusammenhang stellt sich auch die Frage nach angemessenen Formen der Leistungsmessung und Leistungsrückmeldung im inklusiven Englischunterricht. Schüler wollen wissen, wo sie stehen, und erwarten konkrete Rückmeldungen über ihren Lernerfolg. Lehrer wollen genau über den Lernstand ihrer Schüler im Bilde sein, um sie angemessen unterstützen und nächste Lernschritte anregen zu können. Diese Frage ist aber nicht so einfach zu beantworten, denn ein Dilemma besteht darin, dass einerseits der Unterricht differenziert gestaltet und jeder Schüler individuell gefördert werden soll, andererseits per Schulgesetz die Verpflichtung besteht, Klassenarbeiten, Vergleichsarbeiten, Lernstandserhebungen etc. zu schreiben. Fachkollegium, Eltern, Schulleitung und Schulaufsicht haben ein berechtigtes Interesse daran zu erfahren, ob Schüler das „Klassenziel" erreichen und wie sie im Vergleich zu anderen Lerngruppen dastehen.

Auch inklusiver Englischunterricht kommt daher nicht ohne traditionelle Formen der Lernerfolgskontrolle aus. Allerdings bestehen gewisse Freiräume im Hinblick auf alternative Verfahren, die einen stärker differenzierenden Charakter aufweisen. So räumen schulbehördliche Regelungen oft die Möglichkeit ein, schriftliche Lernerfolgskontrollen zumindest teilweise durch „besondere Lernleistungen" bzw. „Lernaufgaben" zu ersetzen. Dabei kann es sich um Präsentationen, Referate oder Portfolios handeln, die es Schülern erlauben, individuelle Leistungsnachweise gemäß ihrer fachlichen Interessen zu erbringen. Damit besteht die Möglichkeit, einen einheitlichen Maßstab in einem ansonsten stark differenzierenden Unterricht zu vermeiden. Die Leistungsbewertung kann sich mehr an der subjektiven Bezugsnorm orientieren und das bedeutet: an den individuellen Lernvoraussetzungen und an der Leistungsfähigkeit eines jeden Schülers.

So können etwa parallel zur Arbeit mit einer Englischlektüre Portfolios geführt werden, in denen persönliche Leistungen, Lernprozessberichte und Refle-

3. Bausteine des inklusiven Englischunterrichts

xionen dokumentiert werden. Diese Portfolios werden individuell mit den Schülern besprochen und bewertet. Aber auch gut aufbereitete Präsentationen der Schüler zu landeskundlichen Themen (*American sports, Pop groups, London sights*) eignen sich dazu, schriftliche Lernerfolgskontrollen zu ersetzen und besondere Lernleistungen sichtbar und bewertbar zu machen. Überdies stellen sie eine gute Vorbereitung auf die mündlichen Abschlussprüfungen dar. Für beide Formen – Portfolio und Präsentation – gilt, dass die Bewertungskriterien vorab transparent gemacht und mit den Schülern ausführlich geklärt werden müssen.

Im Folgenden soll kurz auf den Umgang mit traditionellen Lernerfolgskontrollen im inklusiven Englischunterricht eingegangen werden.

Vokabeltests

Eine sehr verbreitete Form der Leistungsmessung im Englischunterricht ist der Vokabeltest. Bei jüngeren Schülern ist er durchaus beliebt, gibt er doch zeitnahe Rückmeldung über kurzfristig erreichte Lernziele und gilt als faires Angebot, Leistung unter Beweis zu stellen. Die Menge des Lernstoffs bleibt überschaubar, potenzielle Lernerfolge rücken in greifbare Nähe und Misserfolge können schnell wieder ausgeglichen werden. Viele Schüler freuen sich regelrecht darauf, wenn der Vokabeltest ein wöchentlich wiederkehrendes, stets angekündigtes und kalkulierbares Ritual ist. In heterogenen Lerngruppen bieten sich Differenzierungsmöglichkeiten u. a. dadurch, ….

- dass Vokabeltests auf verschiedenen Niveaus geschrieben werden. Schüler entscheiden sich für die Variante a) deutsch-englisch, b) englisch-deutsch oder c) Zuordnung Bild-Wort. In höheren Jahrgängen findet eine Differenzierung nach oben z. B. dadurch statt, dass englische Begriffe definiert werden müssen.
- dass Tests in unterschiedlichem Umfang bearbeitet werden können. Schüler entscheiden sich, ob sie aus den gelernten 30 Vokabeln z. B. 10 Vokabeln übersetzen (Grundanforderung) oder 15 (Expertenanforderung).
- dass Tests zu unterschiedlichen Zeitpunkten geschrieben werden dürfen. So kann die Vorgabe lauten, dass der Test an einem beliebigen Tag in der 32. Kalenderwoche zu bearbeiten ist. Jeder Schüler entscheidet gemäß seines Übungsbedarfs, wann für ihn der richtige Zeitpunkt ist. Natürlich kann der Zeitrahmen auch ausgeweitet werden.
- dass einzelne Schüler Vokabeltests mit Unterstützung bearbeiten dürfen. Dazu muss mit der Klasse besprochen werden, wer einen Anspruch auf Nach-

teilsausgleich hat, so dass die Mitschüler Verständnis aufbringen und diesen „Bonus" nicht als ungerecht empfinden. Für manchen Lernenden schreibt ein FSJ-ler. Dazu dürfen sich die beiden in einen anderen Raum zurückziehen. Andere benötigen auf Grund ihrer Motorik mehr Platz zum Schreiben, sie bekommen ihren Test in einem größeren Format (DIN A3). Schüler mit hochgradiger LRS dürfen Vokabeltests mündlich bearbeiten.

Günstig ist es, wenn solche differenzierten Tests nicht benotet werden müssen, sondern gerade für jüngere Schüler aufmunternde Rückmeldungen wie *Well done! Great!* oder *Try better next time!* benutzt werden können. Nach und nach wird ein Punktesystem eingeführt, das ausdrückt, was jemand von dem erreicht hat, was er sich vorgenommen hat. 11/15 EA bedeutet dann, dass ein Schüler 11 von 15 möglichen Punkten auf dem erhöhten Niveau erreicht hat, für das er sich entschieden hatte. Ein anderer schafft vielleicht 9/10 GA im Bereich der Grundanforderungen. Dazu schreiben wir einige lobende Worte.

Erfahrungsgemäß vergleichen sich Schüler bei diesem System weniger miteinander und nehmen vielmehr ihre eigene Leistungsentwicklung in den Blick:
- „Ich war gut. Beim nächsten Mal versuche ich die erweiterten Anforderungen."
- „10 Vokabeln sind doch einfach. Ich versuche die anderen 5 auch noch."
- „Letzte Woche hatte ich 2 Punkte mehr. Aber da habe ich mehr geübt. Jetzt will ich mich wieder mehr anstrengen!"

Klassenarbeiten

Trotz der angesprochenen Widersprüche und Ungereimtheiten (Individualisierung vs. Standardisierung) können traditionelle Klassenarbeiten hin und wieder eine geeignete Form der Lernstandsmessung sein. Denn ungeachtet aller Differenzierungsbemühungen gibt es ja immer auch *basics*, die möglichst von allen Schülern gewusst und beherrscht werden sollten.

In Bezug auf eine differenzierte Klassenarbeit zum Thema *New York* heißt das, dass sich alle Lernenden mit den berühmten Sehenswürdigkeiten befasst haben und diese in einem Hörtext wiedererkennen sollen. Dies zeigen sie, indem sie die im Text erwähnten *sights* auf einem Stadtplan eintragen und die Route der Stadtrundfahrt einzeichnen. Wenn es um die Beschreibung dieser *sights* geht, wird von einigen Schülern erwartet, dass sie kurze Texte verfassen können. Andere sollen es schaffen, eine korrekte Zuordnung von Texten und Bildern vor-

3. Bausteine des inklusiven Englischunterrichts

zunehmen. Dazwischen gibt es die Gruppe derer, die mit Hilfe vorgegebener *key words* einzelne Sätze zum Thema schreiben.

Ein anderes Beispiel ist das Thema *British and American English*. Alle Schüler haben sich damit beschäftigt und typische Unterschiede kennen gelernt. In welchem Umfang und auf welchem Niveau diese Kenntnisse sich befinden und präsentiert werden können, kann sehr unterschiedlich sein.

So ist jeder Schüler am Tag X darauf vorbereitet und eingestellt, sein Wissen und seine Kompetenzen unter Beweis zu stellen, wobei diese sich von Schüler zu Schüler deutlich unterscheiden. Für die Entwicklung einer differenzierten Klassenarbeit bedeutet das, dass innerhalb des Rahmenthemas Leistungen in verschiedenen Bereichen gezeigt werden:

- Hör- und Leseverstehen,
- Wortschatz,
- Grammatik,
- Schreibkompetenz und
- Mediation.

Aufgaben zu den *basics* werden von allen Schülern bearbeitet. Andere Aufgaben unterscheiden sich nach Umfang und Schwierigkeit, nach Anzahl vorgegebener Hilfen und nach Aufgabenformat (schreiben oder zuordnen, ankreuzen oder ausformulieren ...).

Dabei besteht die Möglichkeit, die Klassenarbeit auf etwa drei Niveaus zu konzipieren und diese entsprechend zu kennzeichnen: Basis-, Regel- und Erweiterte Anforderungen oder 1-Stern-, 2-Sterne-, 3-Sterne-Aufgaben etc. Hilfreich ist es, ein eindeutiges Prinzip zu wählen, den Schülern transparent zu machen und zur besseren Orientierung möglichst durchgängig im Unterricht sowie bei allen Lernstandsmessungen zu benutzen.

So wählt jeder das Niveau, das ihm angemessen erscheint. Entscheidet er sich für die mittelschwere Arbeit, liegen alle Aufgaben auf diesem Niveau, ungeachtet der Tatsache, dass er in manchen Bereichen (Grammatik) vielleicht viel stärker ist als in anderen (etwa freies Schreiben). Der Vorteil für die Lehrkraft besteht darin, dass die Leistungsdokumentation erleichtert wird, denn ein Schüler wählt die leichtere Arbeit, der andere die schwerere. Eine Umrechnung in Noten ist nicht so aufwändig.

Die anspruchsvollere Alternative besteht darin, Lernende ihre Arbeiten individuell nach dem Baukastenprinzip zusammenstellen zu lassen. Dazu muss transparent sein, wie sich das Aufgabenniveau unterscheidet und was die Schüler bei der Wahl von 1-, 2- oder 3-Sterne-Aufgaben jeweils erwartet. Diese können in Ablageschalen ausgelegt werden, so dass die Schüler nach vorne kommen, die Aufgaben prüfen und sich für ein Niveau entscheiden. Oder aber alle Aufgaben werden ausgeteilt, so dass die Lernenden am Platz prüfen, welches Niveau ihnen zusagt. Dieses Verfahren ist viel aufwändiger und eine spätere Umrechnung in Noten recht kompliziert. Allerdings kommt es den individuellen Lernvoraussetzungen der Schüler stärker entgegen und sie lernen, ihre Kompetenzen selbstkritisch einzuschätzen.

Hier zeigt sich auch, wie elementar wichtig eine angemessene personelle Ausstattung im inklusiven Unterricht ist. Der Aufwand, den eine umfangreiche Differenzierung etwa bei der Erstellung von Klassenarbeiten bedeutet, ist ganz erheblich, selbst wenn der PC die Arbeit erleichtert!

Leistungsrückmeldung

Langjährige Erfahrungen mit zieldifferentem Unterricht in heterogenen Lerngruppen führen deutlich vor Augen, dass die Bewertung von Schülerleistungen im traditionellen Notensystem kein adäquates Mittel ist, um individuelle Lernprozesse und ihre Ergebnisse angemessen abzubilden und den Schülern erforderliche nächste Lernschritte aufzuzeigen. Ziffernnoten geben nur eine sehr grobe und ungenaue Rückmeldung über erbrachte Leistungen, eine differenzierte Einschätzung einzelner Kompetenzen leisten sie nicht. Konkrete Ausblicke auf eine wünschenswerte Steigerung in bestimmten Teilbereichen müssen zusätzlich gegeben werden. Schließlich regt die Vergabe von Zensuren den Wettkampf untereinander an, weil das Vergleichen der Noten so einfach ist.

Eine besonders ungünstige Vorgehensweise ist es, wenn ein Teil der Schüler sonderpädagogische Lernentwicklungsberichte erhält und alle anderen Zensuren. Das schafft eine „Zweiklassengesellschaft" innerhalb der Lerngruppe und begünstigt die Stigmatisierung einzelner Kinder. Dies wirkt sich zwar bisweilen als Ansporn aus, sich so anzustrengen, dass man im nächsten Zeugnis oder später auch Noten statt Berichte erhält. Viele Schüler fühlen sich aber bloßgestellt, denn am Bericht ist leicht erkennbar, wer Förderbedarf hat. Dies ist dem Inklusionsgedanken fremd, wird dort doch gerade nicht von zwei Gruppen ausgegangen (behindert vs. nicht-behindert), sondern es dominiert die Überzeugung von der Vielfalt der Stärken und Schwächen bei allen Kindern.

3. Bausteine des inklusiven Englischunterrichts

Differenzierte Lernentwicklungsberichte für alle Schüler der Klasse erfüllen besser die Anforderungen an eine pädagogisch sinnvolle Leistungsbewertung, weil sie für alle eine einheitliche Form der differenzierten Rückmeldung über Lernprozesse und Arbeitsergebnisse darstellen und die individuelle Lernentwicklung stärker in den Mittelpunkt rücken als den Vergleich der Einzelleistung am Notenspiegel der Klasse. Ein Vergleich übrigens, bei dem viele „Integrationskinder" kaum mithalten können und eher schlecht abschneiden.

Seit einigen Jahren geht in der Bildungspolitik die Tendenz jedoch in die Richtung, Berichtszeugnisse nur noch Schülern mit besonderem Förderbedarf zu erteilen und zugleich, wohl vor dem Hintergrund der angestrebten besseren länderübergreifenden Vergleichbarkeit von Bildungsabschlüssen, Ziffernnoten für alle anderen möglichst früh einzuführen.

Gleichzeitig wurde an vielen Schulen eine neue Form der Leistungsrückmeldung eingeführt: das individuelle Lernstands- bzw. Lernentwicklungsgespräch. Dieses ergänzt bzw. ersetzt seither die Notenzeugnisse zum Halbjahr, an einigen Versuchsschulen auch darüber hinaus.

Bei diesem Verfahren ist es nicht allein die Lehrkraft, die aus ihrer Sicht die Leistungen der Schüler bewertet. Vielmehr werden die Einschätzungen von Lehrern, Schülern und ggf. auch Eltern in dialogischer Form verhandelt, wobei das Deutungsmonopol eben nicht mehr ausschließlich in der Hand des Lehrers liegt. Selbst- und Fremdeinschätzung sind gleichermaßen von Bedeutung und der gemeinsame Abgleich resultiert letztlich in einer Lernvereinbarung, die zwischen allen Beteiligten geschlossen wird.

Auf diesem Wege lernen Schüler, ihre Englisch-Leistungen an Hand konkreter Kriterien einzuschätzen. Das fördert ihre Selbstwahrnehmung, schult das genaue Hinsehen auf eigene Kompetenzen und stellt eine gute Basis für die Planung nächster Lernschritte dar. Damit entspricht dieses Verfahren wesentlich mehr dem Inklusionsgedanken als die Vergabe von Ziffernnoten, die eine große Gruppe von Kindern ausschließt, stigmatisiert und teilweise isoliert.

Entscheidend ist, dass den Lernenden die Kriterien bekannt sind, nach denen Leistungen im Englischunterricht bewertet werden. Der Lehrer muss dazu mit der Klasse an ausgewählten Beispielen besprechen, was eine gute Leistung ist und wie sie sich zeigt. Dabei wird er vor dem Hintergrund der Vielfalt der Leistungsvoraussetzungen deutlich machen, dass sich der Maßstab für eine gute Leistung von Schüler zu Schüler verschiebt und stets zu bedenken ist, von welchem Ausgangspunkt jemand startet. Einen korrekten englischen Satz aus fünf

3. Bausteine des inklusiven Englischunterrichts

Wörtern zu schreiben bedeutet für Anna vielleicht eine großartige Leistung und einen Lernfortschritt, für Jonas, der wesentlich mehr könnte und sich leider überhaupt nicht angestrengt hat, eben nicht.

Der kompetenzorientierte Einschätzungsbogen zum Lernstand Englisch (siehe Kopiervorlage S. 138) macht die Bewertungskriterien transparent. Er wird nach der gemeinsamen Besprechung am Anfang des Schuljahres in der Klasse aufgehängt und bleibt dort präsent. Im Unterricht sollte immer wieder darauf Bezug genommen werden, indem sich die Leistungsbewertung nachvollziehbar an den erläuterten Kriterien orientiert. Mit einzelnen Schülern kann eine gesonderte Vereinbarung getroffen werden, denn es darf natürlich nicht sein, dass etwa ein hörgeschädigtes Kind bei der Kompetenz „Hörverstehen" immer mit dem Minus bewertet wird. Vielmehr muss hier der Nachteilsausgleich greifen, indem für diesen Schüler besondere Lernbedingungen geschaffen werden (Texte mehrfach hören, das Skript dazu lesen, Hörübungen auslassen o. Ä.).

Auch darf kein Schüler, der unter den Bedingungen eines selektiven Mutismus lebt, dafür benachteiligt werden, dass er im Englischunterricht nicht spricht. Dazu lässt sich der Einschätzungsbogen geringfügig modifizieren, indem man bestimmte Rubriken umformuliert oder auslässt. Solche Absprachen werden in einem inklusionsfreundlichen Klassenklima von den Mitschülern in der Regel voll und ganz akzeptiert.

Am Halbjahresende bekommt jeder Schüler einen Reflexionsbogen mit nach Hause und kreuzt den seiner Meinung nach erreichten Lernstand an („Ich kann..."). Der Englischlehrer füllt einen vergleichbaren Bogen aus („Du kannst..."). Dann führen beide gemeinsam in der Schule ein Gespräch, bei dem die Einschätzungen miteinander verglichen und reflektiert werden. Erfreuliches wird dabei ebenso besprochen wie Unerfreuliches, Übereinstimmungen ebenso wie auffällige Abweichungen hervorgehoben.

Wichtig ist, daraus die richtigen Konsequenzen zu ziehen: Für den Lehrer, der z. B. zu mehr aktiver Mitarbeit auffordert, kann das bedeuten, den Schüler in nächster Zeit stärker zu beachten und häufiger im Unterricht aufzurufen. Für die Eltern kann das heißen, ihr Kind zuhause zu unterstützen, indem sie bei den Englischhausaufgaben helfen. Der Schüler selbst nimmt sich vielleicht vor, ...

- eine Strichliste über sein Meldeverhalten zu führen,
- jeden Tag 10 Vokabeln aus der letzten Lektion zu wiederholen,
- täglich 15 unregelmäßige Verben zu lernen,
- jede Woche ein Grammatikkapitel zu vertiefen.

Kopiervorlage

Name: _____ Class: _____ Date: _____

Lernstandserhebung

	Lernstand Englisch Jg. 5-7	++	+	O	--
Hörverstehen	Ich kann wesentliche Aussagen verstehen, wenn ich gesprochenes Englisch höre.				
Leseverstehen	Ich kann wesentliche Aussagen verstehen, wenn ich englische Texte lese.				
Vorlesen	Ich kann englische Sätze flüssig und mit sinnvoller Betonung lesen.				
Unterrichtsgespräch	Ich beteilige mich regelmäßig und kann mich verständlich äußern.				
Sprechen	Ich kann zu vorbereiteten Themen nach Stichworten zusammenhängend sprechen.				
Schreiben	Ich kann Texte zu bekannten Themen verständlich und sprachlich korrekt formulieren.				
Sprachmittlung	Ich kann Äußerungen verständlich in die jeweils andere Sprache übertragen.				
Wortschatz	Ich verfüge über einen Wortschatz, der meiner Jahrgangsstufe angemessen ist.				
Grammatik	Ich kann die grammatischen Strukturen meiner Jahrgangsstufe sicher anwenden.				
Aussprache	Ich kann vertraute Wörter richtig aussprechen.				
Rechtschreibung	Ich kann englische Wörter richtig schreiben.				

3. Bausteine des inklusiven Englischunterrichts

- sich freiwillig für eine Präsentation zu melden,
- in der Freiarbeit täglich 20 Minuten Englischaufgaben zu bearbeiten,
- jede Woche einen Text fehlerfrei abzuschreiben.

Sinnvolle Lernvereinbarungen orientieren sich an der SMART-Formel, die besagt, dass Schülerinnen und Schüler sich ...
Spezifische, konkrete Ziele setzen sollten (jeden Tag englische Vokabeln wiederholen statt: besser in Englisch werden), die
Messbar sind (täglich 20 Vokabeln),
Akzeptiert werden von allen am Lernstandsgespräch Beteiligten, die
Realistisch sind, also vom Schüler aus eigener Kraft bzw. mit etwas Unterstützung erreichbar, und die
Terminiert sind, d.h. in einem überschaubaren Zeitraum tatsächlich zu erfüllen.

Die aus diesem Gespräch resultierenden Lernvereinbarungen werden schriftlich festgehalten. Bei Bedarf kommen Lehrer und Schüler in einem Einzelgespräch wieder darauf zurück und überlegen, wie weit das Vorhaben bereits in die Tat umgesetzt wurde bzw. was noch zu tun ist.

> **Hilfen zur Umsetzung der Lernvereinbarungen**
> - Schüler kleben kleine Erinnerungszettel mit ihren Vorhaben auf das Pult.
> - Sie schreiben ihre Ziele auf Zettel und kleben diese auf ein Wandplakat.
> - Regelmäßig wird gefragt, wie weit die Lernenden ihre Vorhaben umgesetzt haben. Daumen hoch: weit, Daumen runter: nicht so weit.
> - Per Zielscheibe wird der jeweils erreichte Stand visualisiert. Fortschritte werden durch Klebepunkte sichtbar gemacht.
> - Die Reflexionsbögen zu den Englischleistungen werden auch im laufenden Unterricht eingesetzt.
> - In einer Rubrik des Wochenplans tragen die Lernenden ein, was sie zum Erreichen ihrer Ziele tun wollen oder geleistet haben.
> - Der Kontakt zu den Eltern wird gehalten, um mit ihnen weitere Unterstützungsmaßnahmen abzustimmen.

3. Bausteine des inklusiven Englischunterrichts

Gipfelstürmer

Abschließend soll ein Verfahren vorgestellt werden, das sich für die Präsentation von Arbeitsergebnissen in heterogenen Lerngruppen als sehr geeignet erweist. Es lässt sich sowohl fächerübergreifend gestalten, als auch speziell auf die Leistungen im inklusiven Englischunterricht beziehen. In unserer Klasse haben wir diesem Verfahren den Namen „Gipfelstürmer" gegeben.

Für die Würdigung individueller Leistungen wird ein feierlicher Rahmen geschaffen, indem man regelmäßig eine Doppelstunde der Unterrichtszeit für Gipfelstürmer freihält. Dazu wird ein Tisch mit einer weiße Tischdecke, Kerzen und Blumen geschmückt. Die Schüler präsentieren darauf, was ihnen gelungen ist, was ihnen wichtig erscheint und worauf sie stolz sind. Sie ordnen zunächst ihre Ausstellungsstücke an, die sie der Klasse später vorstellen wollen. Dann begutachten alle die Exponate, indem sie um den Tisch schlendern. Anschließend wird ein Stuhlkreis gebildet, in dem die Berichte und Darbietungen der Mitschüler aufmerksam verfolgt werden. Schüler präsentieren:
- englische Lieder und Gedichte, die sie im Unterricht gelernt haben,
- besonders gelungene ME-Texte,
- eine akribisch geführte Meldeliste,
- erfolgreiche Klassenarbeiten,
- Auszüge aus einem Sketch, bei dem sie eine tragende Rolle gespielt haben,
- schön gestaltete Hausaufgaben, bei denen sie viel Mühe aufgewandt haben,
- einen englischen Text, den sie besonders lebendig vortragen können.

Ein *Gipfelstürmer* ist jemand, der eine persönliche Herausforderung annimmt, sich ein hohes, aber erreichbares Ziel steckt, sich konsequent bemüht, dieses Ziel zu verfolgen und zur Überwindung von Widrigkeiten mitunter einen langen Atem benötigt. Es darf daher von den Schülern grundsätzlich alles präsentiert werden, was aus ihrer Sicht jemanden zum *Gipfelstürmer* macht.

Die Schüler fühlen sich angespornt, ihre Leistungen darzubieten, den Präsentationen anderer wertschätzend zu folgen und sich gegenseitig konstruktive Rückmeldungen zu geben. Dies kann dazu anregen, die eigenen Anstrengungen zu verstärken, und fördert nachhaltig die Selbsteinschätzungsfähigkeit. Jede Arbeit wird gewürdigt und alle freuen sich für ihre Mitschüler und mit ihnen. Hier und da werden hilfreiche Tipps und ermutigende Anregungen gegeben. Grundsätzlich wird aber bei jedem darauf geschaut, was er nach seinen Möglichkeiten leisten kann, und jeder Eigenart wird ihr Eigenrecht zugestanden.

4. Hürden und Stolpersteine des inklusiven Englischunterrichts

Die Gestaltung eines inklusiven Englischunterrichts, der allen Kindern gerecht werden will, ist eine sehr anspruchsvolle und voraussetzungsreiche Aufgabe, deren Gelingen an vielfältige und günstige Rahmenbedingungen geknüpft ist.

Das letzte Kapitel soll sich nicht damit beschäftigen, das Für und Wider von inklusivem Unterricht zu diskutieren, da es ohnehin gesetzlich durch die UN-Konvention geregelt ist. Stattdessen soll dieses Kapitel Mut machen, einen inklusiven Englischunterricht pädagogisch sinnvoll umzusetzen und Hindernisse als Herausforderungen zu sehen.

Pädagogische Grundhaltung der Lehrenden
„So heterogene Lerngruppen erschweren die Arbeit!"
Grundsätzlich setzt das Gelingen des inklusiven Unterrichts die Bereitschaft der Lehrenden voraus, die Schülerinnen und Schüler in ihrer bunten Vielfalt an Lerninteressen und Voraussetzungen, Leistungsbereitschaft und Lernwegen, mit ihren jeweiligen Stärken und Schwächen so wahr- und anzunehmen, wie sie sind. Trotz der oft nicht eben geringen Beanspruchung der Pädagogen, die sich durch die „Verschiedenheit der Köpfe" (Herbart) ergibt, sollte die Heterogenität der Lerngruppe als wirkliche Bereicherung und Chance angesehen werden, einen qualitativ hochwertigen, gemeinsamen Unterricht zu gestalten, in dem sich alle Schüler gegenseitig unterstützen, mit und voneinander lernen und in ihrer individuellen Entwicklung gut gefördert werden können.

Entwicklung des Unterrichts
„Mir fehlt die Orientierung am mittleren Tempo!"
Inklusiver Unterricht ist zunehmend so zu gestalten, dass er sich nicht durchgängig an einem mittleren Lerntempo und Leistungspotenzial orientiert, bei dem nicht selten leistungsstarke Schüler gelangweilt und unterfordert bzw. lernschwache überfordert und entmutigt werden. Vielmehr sollten Lernprozesse – neben lehrergesteuerten Instruktionsphasen zur Einführung, Zusammenfassung und Sicherung von Themen und Ergebnissen – so differenziert angelegt werden, dass den unterschiedlichen Lernbedürfnissen, -voraussetzungen und -möglichkeiten der Schüler Rechnung getragen wird. Jeder sollte im gemeinsamen Unterricht eine bestmögliche individuelle Förderung erfahren.

4. Hürden und Stolpersteine des inklusiven Englischunterrichts

Arbeit in multiprofessionellen Teams
„Doppelbesetzungen machen Zuständigkeiten unklarer."

Inklusiver Unterricht setzt in hohem Maße auch die Bereitschaft und Befähigung zur Arbeit in einem multiprofessionell zusammengesetzten Team voraus. Damit ist eine gewisse Offenheit und Transparenz verbunden, denn inklusiver Unterricht kann nicht wie bisher von „Einzelkämpfern" hinter verschlossenen Klassenzimmertüren abgehalten werden. Vielmehr ist auf Seiten der Pädagogen eine erhebliche Bereitschaft gefragt, sich die Verantwortung für den Unterricht zu teilen, ihre individuellen Rollenverständnisse zu klären und Aufgaben im gegenseitigen Einverständnis zwischen den jeweiligen Professionen zu verteilen. Die gemeinsame Gestaltung des Unterrichts, ggf. in Form eines Teamteachings, erfordert Flexibilität und Kritikfähigkeit.

Lehreraus- und -fortbildung
„Ich bin überhaupt nicht dafür ausgebildet!"

Um die Lehrenden auf ihre vielfältigen Aufgaben bei der Gestaltung des inklusiven Unterrichts, die anspruchsvollen Herausforderungen und nicht unerheblichen Belastungen angemessen und professionell vorzubereiten, kommt der Lehreraus- und -fortbildung die zentrale Rolle zu, durch hinreichende und Ziel führende Angebote entsprechende Unterstützung zu leisten. Erforderlich sind geeignete Programme zur Vermittlung

- allgemeiner sowie behinderungsspezifischer sonderpädagogischer Kompetenzen an Regelschul-Lehrkräfte,
- benötigter Fachkenntnisse an Sonder- und Sozialpädagogen,
- von Konzepten und Instrumenten zur Gestaltung eines differenzierten Unterrichts, in dem Pädagogen den Überblick über die individuelle Entwicklung ihrer Schüler behalten,
- von Methoden erfolgreicher Teamarbeit etc.

Materielle und personelle Ressourcen der Schule
„An unserer Schule reichen die Ressourcen nicht!"

Unbedingt ist, was die materiellen und personellen Ressourcen angeht, für eine aufgabengerechte Ausstattung inklusiver Schulen zu sorgen. Damit Inklusion gelingen kann, darf sie nicht zu Lasten der sonderpädagogischen Versorgung gehen, unter einem Sparzwang stehen und auf dem Rücken der Betroffenen umgesetzt werden. In vielen Inklusionsklassen ist aus pädagogischen Gründen

4. Hürden und Stolpersteine des inklusiven Englischunterrichts

eine Doppel- oder sogar Dreifachbesetzung unverzichtbar, will man den Schülerinnen und Schülern mit ihren besonderen Bedürfnissen gerecht werden. Den exakten Förderbedarf kennt niemand besser als die jeweilige Schule, der die entsprechenden Ressourcen unbürokratisch zugewiesen werden müssen.

Es müssen angemessene Rahmenbedingungen geschaffen werden, etwa im Hinblick auf kleinere Klassengrößen mit einer begrenzten Zahl von Kindern mit erhöhtem Förderbedarf (v. a. im Bereich der sozialen und emotionalen Entwicklung), bei der Ausstattung der Schule mit den nötigen Differenzierungs-, Ruhe-, Pflege- und Therapieräumen, der technischen Ausstattung mit Lernhilfen sowie besonderen Fördermaterialien, der zeitlichen Entlastung der multiprofessionellen Teams für die gemeinsame Unterrichtsplanung und Beratung.

Heterogenität der Lerngruppe
„Ich kann nicht allen Kindern gerecht werden!"

Bei der Zusammensetzung der Klassen sollte darauf geachtet werden, dass die Vielfalt der Förderbedarfe innerhalb der Lerngruppe nicht zu groß ist, weil sonst möglicherweise unverhältnismäßig große oder gar sich widersprechende Anforderungen an die Unterrichtsgestaltung gestellt werden. Sinnvoller ist unter Umständen die gemeinsame Förderung von Kindern mit gleichen oder ähnlichen Bedarfen in einer Klasse. Sind etwa mehrere hörgeschädigte Schüler in einer Lerngruppe, können sich Lehrkräfte leichter methodisch-didaktisch darauf einstellen und den Raum entsprechend technisch ausstatten.

Lerninhalte und Stoffumfang im Englischunterricht
„Ich komme mit dem Stoff nicht durch!"

Vielen Kolleginnen und Kollegen fällt es mit einiger didaktischer Fantasie in den unteren Jahrgängen leichter, Themen des Englischunterrichts so differenziert aufzubereiten, dass alle Schüler gerne und erfolgreich lernen. Wenn Inhalte konkret-anschaulich sind und sich handlungsorientiert erschließen lassen, gelingt die Einbeziehung der Schüler umso leichter, so dass alle mit Gewinn am Unterricht teilnehmen können. Je komplexer und abstrakter die Themen hingegen werden und je textlastiger die Lernangebote sind, desto schwieriger wird es in der Regel, alle Schüler „mitzunehmen".

Hier sind Fachdidaktik und Lehrmittelverlage gefragt, der Praxis noch mehr gezielte Hilfen und Anregungen zur Verfügung zu stellen. Insbesondere gilt auch hier das oben zur Lehreraus- und -fortbildung Gesagte. Aber auch die Englisch-

4. Hürden und Stolpersteine des inklusiven Englischunterrichts

Lehrpläne und Prüfungsordnungen sind dringend zu überarbeiten und im Sinne des Inklusionsgedankens so zu gestalten, dass die Forderung nach individueller Förderung (Individualisierung) von Schülern nicht wie bisher mit den Bedingungen eines nach wie vor stark selektiven Schulsystems (Standardisierung) kollidiert.

Leistungsspanne zwischen den Lernenden

„Die Leistungsspanne ist zu groß, so dass keine gemeinsamen Lernsituationen entstehen können."

Gleichwohl: Je weiter die Schere auseinander geht und je stärker es mit zunehmendem Alter zur Ausdifferenzierung der Interessen kommt, desto schwieriger gestaltet sich inklusiver Englischunterricht. Entwicklungsbedingt nimmt oft die Toleranz für andere Lebensstile und Vorlieben ab. Es zählt, wer „coole" Klamotten trägt, das „richtige" Handy besitzt und zur „in-crowd" gehört. Vor Abschlussprüfungen nimmt bei vielen die Leistungsorientierung zu, die Geduld im Umgang mit langsamer lernenden Mitschülern dagegen ab. Oft entsteht Angst, durch andere im Lernprozess behindert zu werden. Manche Lehrkräfte tendieren nun zur Aufteilung der Klasse in Leistungsgruppen, zu weniger inklusionsfreundlichen Arbeitsformen und zur weitgehenden Ausrichtung des Unterrichts an bevorstehenden Tests (*Teaching to the test*).

Ungeachtet dieser Probleme und Stolpersteine darf gerade in den höheren Jahrgängen nicht in dem Bemühen nachgelassen werden, mit Neugier, Engagement, Kreativität und Mut nach geeigneten Wegen zur Gestaltung eines Englischunterrichts zu suchen, von dem sich alle Schülerinnen und Schüler angesprochen fühlen und in dem alle angemessen in ihrer Lernentwicklung gefördert werden können.

In dieser Hinsicht ist noch viel zu tun. Ich hoffe, mit dem vorliegenden Band dazu einige Anregungen gegeben zu haben.